KILLING MARKETING

TRANSFORMANDO SUA ESTRATÉGIA DE MARKETING EM UM CENTRO DE LUCRATIVIDADE

JOE PULIZZI E ROBERT ROSE

M.BOOKS

M.Books do Brasil Editora Ltda.

Rua Jorge Americano, 61 - Alto da Lapa
05083-130 - São Paulo - SP - Telefones: (11) 3645-0409/(11) 3645-0410
Fax: (11) 3832-0335 - e-mail: vendas@mbooks.com.br
www.mbooks.com.br

Dados de Catalogação na Publicação

PULIZZI, Joe e ROSE, Robert.
Killing Marketing/ Joe Pulizzi e Robert Rose.
São Paulo – 2021 – M.Books do Brasil Editora Ltda.
1. Marketing 2. Administração 3. Negócios
ISBN: 978-85-7680-335-5

Do original: Killing Marketing: How innovative business are turning marketing cost into profit
Publicado originalmente por McGraw-Hill Education

Editor
Milton Mira de Assumpção Filho

Tradução
Lídio Rodrigues e
Maria Beatriz de Medina

Produção Editorial
Lucimara Leal

Capa
Isadora Mira

Editoração
Crontec

2021
M.Books do Brasil Editora Ltda.

Joe e Robert nos levam, mais uma vez, à vanguarda absoluta do marketing... mas o mais importante é que nos ajudam a entender como permanecer lá. A ousadia de seu pensamento, comparável apenas à ousadia de suas personalidades, salta de cada página.

— **Jonathan Mildenhall,**
diretor de marketing, Airbnb

Às vezes, o manual precisa ser jogado pela janela. Este livro reescreve as regras do marketing e põe o conteúdo à frente e no centro para gerar valor e fidelizar a marca. Amplie seus horizontes, mude a abordagem e não tenha medo de ser inovador.

— **Jeffrey Hayzlett**, *apresentador de TV e rádio, palestrante, escritor e vaqueiro por hobby*

Pulizzi e Rose resolveram o quebra-cabeça do que deveria ser o marketing do século XXI. Seu foco nos dois principais elementos — os clientes e o fluxo de renda que geram — vira de cabeça para baixo a visão tradicional do marketing de produto.

— **Don Schultz**, *professor emérito, Escola Medill da Northwestern University*

Cheio de ideias para transformar o marketing de conteúdo em centro de lucro. Leia e se tornará um adepto, como eu me tornei.

— **Al Ries**, *coautor de Posicionamento: a batalha por sua mente*

Pulizzi e Rose, especialistas em marketing mundialmente renomados, se juntam para dar conselhos e ajudar os executivos de marketing a irem além da mídia adquirida e atingirem a superioridade da mídia própria.

— **Kathy Button Bell**, vice-presidente sênior e diretora de marketing, Emerson

Para o alto executivo, *Killing Marketing* é o manual do que a função de marketing deveria ser desde sempre e que agora pode ser.

— **Stephanie Losee**, *diretora de conteúdo, Visa Corporate Communications*

Killing Marketing vai desafiá-lo a ver além do conjunto de sistemas já conhecidos e a mudar a estrutura da estratégia que, de maneira essencial e lucrativa, vai reformular a finalidade do marketing nos negócios.

— **Timothy McDonough**, *vice-presidente de marketing global de marca, Moen Incorporated*

Killing Marketing é uma ideia controversa. Mas é exatamente de marketing controverso que precisamos para lucrar com êxito nas encruzilhadas mortíferas dos negócios tradicionais e da nova era.

— **Raj Munusamy**, *vice-presidente de marketing de conteúdo e divulgação de marca, Schneider Electric*

Imagine o marketing como um centro de lucro, não de custo. Parece insano? Não. Este é o esquema de que você precisa para virar o marketing de cabeça para baixo, estimular a inovação e reivindicar sua posição como líder dos negócios.

— **Ann Handley**, *escritora presente na lista de best-sellers do Wall Street Journal e diretora de conteúdo, MarketingProfs*

Killing Marketing desmistifica, de forma brilhante, todas as consequências do conteúdo como força predominante na experiência do cliente e na transformação dos negócios na era pós-internet.

— **Carlos Abler**, *diretor global de marketing e estratégia para o conteúdo, 3M*

Compre este livro e mude a posição do orçamento de marketing no balanço patrimonial!

— **Rebecca Lieb**, *analista, consultora e autora de Content: The Atomic Particle of Marketing*

Descanse em paz, marketing. É real. *Killing Marketing* acaba de bater o último prego no caixão de seu centro de custo.

— **Jason Miller**, *diretor global de marketing de conteúdo, LinkedIn*

Academia Brasileira de Marketing

Este livro foi selecionado, aprovado e recomendado pela ACADEMIA BRASILEIRA DE MARKETING. A ACADEMIA BRASILEIRA DE MARKETING é uma iniciativa e propriedade intelectual do MADIAMUNDOMARKETING, idealizada no final dos anos 1990 e institucionalizada em março de 2004.

Tem como MISSÃO: identificar, selecionar e organizar as melhores práticas do MARKETING mundial e disseminá-las no ambiente empresarial brasileiro, garantindo o acesso às mesmas, muito especialmente das micros, pequenas e médias empresas, no sentido de contribuir, decisivamente, para seus sucessos e realizações na luta pela sobrevivência e crescimento.

Tem como VISÃO: tornar todas as empresas brasileiras extremamente competitivas pela adoção e implementação das melhores práticas do MARKETING, resultando, por decorrência, no desenvolvimento econômico e social do país.

Seu ENTENDIMENTO DO MARKETING: mais que uma caixa de ferramentas, é o de tratar-se de ideologia empresarial soberana e consagrada, presente nas empresas que buscam, de forma incansável e permanente, conquistar, desenvolver e preservar clientes, e crescer, sempre, e, preferencialmente, através dos próprios clientes.

Agostinho Gaspar
Alberto Saraiva
Alex Periscinoto
Alexandre Costa
Álvaro Coelho da Fonseca
Amália Sina
Antonio Jacinto Matias
Armando Ferrentini
Carlos Augusto Montenegro
Chieko Aoki
Cristiana Arcangeli
Eduardo Souza Aranha

Einhart Jacome da Paz
Élcio Anibal de Lucca
Francisco Alberto Madia de Souza
Francisco Gracioso
Gilmar Pinto Caldeira
Guilherme Paulus
Ivan F. Zurita
João Appolinário
João de Simoni
José Bonifácio de Oliveira Sobrinho
José Estevão Cocco
José Victor Oliva
Lincoln Seragini
Luiz Antonio Cury Galebe
Luiz Carlos Burti
Luiza Helena Trajano
Marcelo Cherto
Marcos Henrique Nogueira Cobra
Miguel Krigsner
Milton Mira de Assumpção Filho
Nizan Guanaes
Paulo Sérgio Kakinoff
Pedro Cabral
Peter Rodenbeck
Regis Dubrule
Viviane Senna
Walter Zagari

Para Elizabeth e Pam:

Bem, eu nunca tive um lugar que pudesse chamar de meu.
Tudo bem, meu amor, porque você é o meu lar.

Billy Joel

Sumário

Prefácio **13**

Agradecimentos **15**

Introdução **17**
O que sabemos em marketing nos impede de crescer? 19
O dia em que Hollywood mudou 20
O objetivo do marketing 21
O quarto modelo: marketing como centro de lucro 23
Geração de valor fora dos produtos 25
O que *killing marketing* proporcionará 26
Pense diferente 28

1. Killing Marketing **33**
Como chegamos a este ponto? 35
Conteúdo original: a tática de fidelidade 37
Conteúdo: a tática de marketing 39
Conteúdo: a estratégia de marketing 41
Conteúdo: a estratégia de negócios 42
Conteúdo: o modelo de negócio 43
Killing marketing 44
E se realmente matássemos o marketing e o reestruturássemos totalmente? 48
E se considerássemos o marketing um modelo de negócios, e não um centro de custo funcional? 49
E se os profissionais de marketing gerassem lucro com o marketing? 50

2. Retorno sobre o Público ... 57
O "problema" do marketing ... 59
Como medir o investimento em marketing ... 60
O novo problema do marketing de 2017 ... 61
E se houvesse um modo mais fácil? ... 66
Retorno sobre o público ... 68
Competência: tornar a empresa mais inteligente ... 69
Valor da campanha: dar sustentação a iniciativas transacionais e promocionais ... 71
Valor do cliente: criar um cliente mais valioso ... 72
Caixa: geração de receita direta a partir do programa de marketing ... 74
O novo mantra do marketing ... 75

3. Media Marketing ... 79
O modelo de negócio de conteúdo ... 80
Marca de produto ou de mídia? ... 81
O mesmo modelo ... 83
Desconstruindo a Disney ... 85
Um modelo de marketing melhor ... 87
Nos bastidores: Red Bull ... 87
Nos bastidores: Arrow Electronics ... 89
Nos bastidores: Terminus ... 93
Não pode ser só conteúdo ... 95
O modelo, não uma função de suporte ... 97

4. Modelo de Receita ... 101
Nos bastidores: Content Marketing Institute ... 102
Eventos ... 102
Mídia digital ... 103
Mídia impressa ... 106
Ideias ... 106
O modelo de receita do marketing de mídia ... 109
Receita direta ... 110
Publicidade/patrocínio ... 110
Conferências e eventos ... 115
Conteúdo premium ... 116
Doações ... 118
Assinaturas ... 119
Receita indireta ... 120
Receita para conquistar ... 121
Produtos ... 121
Serviços ... 126

Receita para manter ... 127
Receita para crescer ... 128
Aumento da receita ... 128
Vendas cruzadas ... 129

5. Modelo de Marketing com Economia de Mídia ... 133
O novo modelo de marketing com economia de mídia ... 135
Redução do custo de vendas ... 136
Custo de marketing/mídia ... 139
Venda cruzada e custo do aumento do valor da compra ... 140
Redução do custo de pesquisa e desenvolvimento ... 141
Fidelidade do cliente e indicações por boca a boca (BAB) .. 142
Lucratividade geral da empresa ... 144
Públicos: a poupança estratégica ... 146

6. Primeiros Passos no Caminho para o Killing Marketing ... 151
O problema da falta de resposta do marketing à evolução do cliente ... 152
Três componentes principais da mudança do processo ... 154
1. Orquestrar eventos, não guiar a jornada dos compradores ... 156
2. Centrar em significado, não em dados ... 158
3. Organizar para ter agilidade, não velocidade ... 162
Reprojetar o marketing para criar experiências de conteúdo ... 164

7. Modelo da Mídia Única ... 167
Uma abordagem simplificada ... 168
Perguntas sobre o quadro geral ... 169
Seja mais específico ... 169
Perguntas sobre o público ... 170
Perguntas sobre conteúdo ... 170
Distribuição e mensuração ... 171
Criar a declaração de negócio ... 172
O modelo solitário ... 174
A estratégia de mídia única ... 175
Um público e uma missão ... 176
A missão do conteúdo ... 176
O ajuste de conteúdo ... 178
Onde as empresas erram ... 179
Um único tipo de conteúdo ... 182
Uma única plataforma ... 183
E as mídias sociais? ... 185
Sua melhor chance de receita ... 185

A hierarquia dos assinantes 186

8. Hoje: o Começo 193
Público mínimo viável 198
Sua base central de fãs 200
Construa o modelo, depois diversifique 201
Programe como na tv 202
Dois métodos para a adesão 204
O piloto 204
Medo 205
Construir ou adquirir? 206
Apresse o processo 206
O processo de aquisição de uma plataforma de conteúdo 207
Avaliação e melhor uso do dinheiro 213
Se avançar, leve o que faz a sério 214
O que pode acontecer de pior? 215

9. E Agora: Lições Aprendidas ao Longo da Transformação 219
Zappos 220
Schneider Electric 222
Life Time Fitness 225
A dedicação aos antigos valores e a nova flexibilidade 229

10. O Futuro do Marketing 235
Saia da sua frente 238
A defesa da transformação 242
Vou mostrar os caminhos 244
1. Já há mídia demais; como nos destacaremos no nosso setor? 245
2. Essa abordagem do marketing custará mais caro do que anunciar 246
3. Não somos uma empresa de mídia. Não podemos produzir conteúdo excepcional para criar público 246
4. Não conseguimos ligar conteúdo e receita 247
O objeto imóvel encontra força incontrolável 248
Faça a lista do que abandonar 248
E se estivermos errados? 250

Índice Remissivo 257

Sobre os Autores 269

Prefácio

Quando Joe e Robert me apresentaram a ideia por trás de *Killing Marketing*, pensei, a princípio, sobre o fenômeno das marcas que monetizam seu conteúdo tornando-se empresas integralmente de mídia.

Pensei na Red Bull, porque todos pensamos nela. A Red Bull foi um dos primeiros exemplos de liderança em marketing de conteúdo — em usar conteúdo para gerar público e lucrar com esse relacionamento. O conteúdo virou de cabeça para baixo os negócios da Red Bull, a ponto de a empresa afirmar que não era mais uma empresa de bebidas energéticas que produzia mídia, mas uma empresa de mídia que vendia bebidas energéticas.

Os profissionais de marketing com quem conversei sobre o advento do conteúdo, além de ter dúvidas quanto ao modelo da Red Bull, também o acharam pouco atraente. Por que os diretores de marketing quereriam transformar suas marcas em empresas de mídia? O modelo de negócio da mídia estava desmoronando. Se não estivesse, não estaríamos nessa maldita situação de "anunciar não funciona mais, por isso agora tenho de criar conteúdo".

Mas eu cheguei à compreensão de que o potencial do marketing de conteúdo de transformar os negócios vai muito além de pensar e agir como uma empresa de mídia. O potencial reside na percepção de que nossas suposições sobre a capacidade do marketing podem estar erradas.

Vários anos depois da mudança dos negócios da Red Bull, praticamente todos os diretores de marketing e fundadores de empresas que conheço criaram algum tipo de função para gerar conteúdo; mesmo assim, a maioria tem feito isso com relutância e um certo grau de resignação. E tem de ser assim, porque estão deixando de aproveitar o que Joe e Robert oferecem em *Killing Marketing*: um esquema para as empresas fazerem suas próprias reviravoltas estilo Red Bull, na forma que for.

Cada empresa pode usar o conteúdo para obter o prêmio máximo de qualquer diretor de marketing: o marketing como verdadeiro centro de lucro, de maneiras que são exclusivas em cada empresa. A interação com os clientes estimulada pelo conteúdo pode inspirar o desenvolvimento de novas linhas de produto. Pode embasar viradas da estratégia corporativa, mudanças da divulgação da marca e se propagar desde o ponto zero do cliente até o nível da alta diretoria.

Para o alto executivo, *Killing Marketing* é o manual do que a função de marketing deveria ser desde sempre e que agora pode ser. O conteúdo transformou a Red Bull numa empresa de mídia. O conteúdo transformará a sua empresa de outra forma. No mínimo, servirá de mecanismo para finalmente elevar o marketing do patamar de um imposto sobre o negócio a ser um verdadeiro negócio em si.

Stephanie Losee, diretora de conteúdo,
Visa Corporate Communications

Agradecimentos

De Joe Pulizzi:

A toda a equipe do Content Marketing Institute, em especial a Clare McDermott pelo incrível poder de entrevistar e a "JK" Kalinowski pela perícia no *design*. Tenho orgulho de chamar todos vocês de amigos.

A Jim McDermott (meu mentor), aos meus incríveis pais Tony e Terry Pulizzi e aos meus amigos de Coolio, em Cleveland, Ohio, que continuam a manter a vida interessante.

Aos meus meninos Joshua e Adam. Não importa o que façam, sejam otimistas; mesmo nos piores momentos, vocês encontrarão a luz. Tenho orgulho de vocês.

À minha melhor amiga e alma gêmea, Pam. Acima de tudo!

E ao Sr. Robert Rose. Você tornou essa viagem mais divertida do que eu poderia imaginar. Um brinde à nossa próxima jornada.

Filipenses 4:13

De Robert Rose:

A todos do Content Marketing Institute, vocês me tornam uma pessoa melhor. Todo. Santo. Dia. Um agradecimento especial a Clare McDermott; obrigado por ser a musa inspiradora e por extrair as histórias de pessoas incríveis.

A Cathy McKnight e ao Dr. Tim Walters: vocês são meus amigos e a bússola de minhas ideias. Os seus conselhos são o meu verdadeiro norte.

À minha família, Laura, Elizabeth, Daisy e Bill, vocês são o meu pilar espiritual. Vocês são a minha razão de ser.

E ao bom cavalheiro de Cleveland, que é uma luz guia, meu cúmplice nas gargalhadas, uma caixa de ressonância de sanidade mental e, simplesmente, a prova de que no mundo os mocinhos vencem no final. Joe Pulizzi: sou uma pessoa melhor simplesmente por conhecer você, e verdadeiramente abençoado por poder chamá-lo de meu amigo.

Agora... cadê meus sapatos?

Introdução

JOE
PULIZZI

No jogo, há uma incapacidade geral de entender o que realmente está acontecendo... Eles estão fazendo as perguntas erradas.

— Peter Brand, no filme *Moneyball, o homem que mudou o jogo*

Não é o que você não sabe que o deixa em apuros. É o que você sabe com certeza que não deixa.

— Geralmente atribuído a Mark Twain

Na década de 1970, os psicólogos israelenses Danny Kahneman e Amos Tversky escreveram um artigo intitulado "Belief in the Law of Small Numbers" (a crença na lei dos pequenos números). Eles descobriram que, ao tomar decisões, até mesmo acadêmicos profissionais tomam erroneamente uma parte bem pequena pelo todo. Por exemplo: muito embora o ato de jogar cara ou coroa sempre resulte numa proposta meio a meio, caso uma pessoa atirar a moeda 100 vezes e nas duas primeiras o resultado for cara, a pessoa acreditará que o resultado será cara na maioria das vezes em que atirar a moeda — pelo menos uma probabilidade maior do que a real. Isso também é conhecido como a "falácia do apostador": na roleta, se vemos o vermelho ou o preto saírem muitas vezes, começamos a achar que é mais provável ocorrer vermelho ou preto, quando estatisticamente não é.

Como seres humanos, quanto mais vemos algo, mais essa se torna a nossa realidade, e não importa se a nossa amostra é pequena demais para tirar conclusões reais.

• • •

Em meados da década de 1980, Don Redelmeier foi designado para trabalhar no Hospital Sunnybrook, nos arredores de Toronto, na verificação de determinadas decisões do hospital. Em particular, Redelmeier foi admitido para questionar o diagnóstico de cada médico e dar *feedback* sobre a probabilidade do médico estar correto.

Obviamente, os médicos do Hospital Sunnybrook não foram fãs disso... no início. Desde quando um generalista (Redelmeier) vindo do centro de traumatologia tinha o direito de questionar um médico qualificado?

Mas Redelmeier e outros como ele descobriram que os médicos "tinham confiança exagerada por causa de sua experiência especializada". Em poucas palavras, os médicos viam os problemas e as soluções com base em seus conhecimentos básicos e, muitas vezes, ignoravam outros sintomas com os quais não estavam tão familiarizados.

O problema não era o que os médicos não sabiam; o que eles sabiam é que os deixaria em apuros.

• • •

Em novembro do ano passado, levei meu filho Adam a um evento fora da escola. Enquanto ele assistia a algumas aulas experimentais no turno da manhã, fiz o mesmo com um grupo de pais. Minha primeira aula do dia se chamava Teoria do Conhecimento. A tarefa era simples: observar o edifício em uma pintura e discutir o que se "sabia" sobre o quadro. O nosso grupo tentou determinar quando o quadro foi pintado, se o edifício era real ou fictício e, caso fosse real, se seria algum lugar conhecido.

Uma vez terminada a discussão, o instrutor nos disse que o pintor era Adolf Hitler. Daquele momento em diante, tudo sobre a conversa foi imediatamente alterado. Algumas pessoas ficaram até emocionadas ao ouvir tal informação. A verdade é que, assim que descobriu essa informação, a maioria da turma não conseguiu mais ver a pintura como uma obra de arte.

O que a turma "sabia" não poderia nunca ser desfeito e afetaria para sempre sua percepção daquela obra de arte e talvez de outras semelhantes.

O QUE SABEMOS EM MARKETING NOS IMPEDE DE CRESCER?

Não, este não é um livro de psicologia, medicina nem história da arte, mas os exemplos anteriores são definitivamente aplicáveis. Nos últimos 20 anos, Robert e eu trabalhamos com presidentes executivos, diretores de marketing, vice-presidentes de vendas e marketing e profissionais de marketing de marcas do mundo inteiro. Em cada caso, alguma parte de seu processo de marketing e/ou vendas tinha se rompido.

Chegamos, analisamos, aconselhamos e (assim espero) forçamos esses profissionais de marketing e vendas a consertar o que for possível com os recursos de que dispõem. Mas o que nos demos conta nos últimos anos tornou-se perturbador, para dizer o mínimo.

Somando todos os livros, este aqui, *Killing Marketing*, é a nossa sexta iniciativa desse tipo. Em geral, ao criar o produto de um trabalho, como um livro, começamos com a resposta a uma pergunta. Por exemplo, em meu livro *Marketing de conteúdo épico*, de 2013, falo sobre o modo como os profissionais de marketing podem criar relacionamentos fiéis e lucrativos com os clientes oferecendo conteúdo consistente e valioso para impulsionar as vendas. Em 2015, Robert escreveu (com Carla Johnson) o livro *Experiences: The 7th Era of Marketing* (inédito em português), que descreve uma abordagem para criar, gerir, escalonar, promover e mensurar as experiências voltadas para o conteúdo no atual ambiente de negócios.

Entretanto, este livro não começa com uma resposta: ele começa com perguntas... perguntas cujas respostas Robert e eu estamos desesperados para encontrar.

- E se o que aprendemos ou vivenciamos com o marketing não nos der o panorama completo?
- E se limitamos nossa visão de marketing a uma única área (o que sabemos) e isso não nos permite ver todo o potencial do que se pode realizar (o que ainda não sabemos)?
- E se colocar o marketing apenas no departamento de marketing estiver matando a abordagem do marketing como processo estratégico de negócios?

Em outras palavras, e se tudo o que sabemos ser verdade sobre o marketing na realidade for o que impede o crescimento da empresa?

O DIA EM QUE HOLLYWOOD MUDOU

Tentemos tornar isso mais tangível usando como exemplo um filme popular.

American Graffiti (*Loucuras de verão*) é um dos filmes mais lucrativos de todos os tempos até hoje. O filme, produzido com um orçamento de menos de 1 milhão de dólares, arrecadou mais de 140 milhões nas bilheterias. O diretor George Lucas ficou em alta depois do sucesso de *Graffiti* e começou a promover o seu próximo projeto para os estúdios de Hollywood, uma série de filmes de ficção científica chamada *Star Wars*.

Naquela época, Hollywood assistia a uma série de fracassos com ficção científica, e o setor não considerava *Star Wars* um conceito lucrativo. No fim das contas, a 20th Century Fox decidiu dar uma chance ao filme. Ainda assim, os executivos da Fox tinham certeza de que o filme seria um fracasso e decidiram não pagar a Lucas a taxa adicional de 500.000 dólares em troca de todos os direitos de licenciamento e promoção de venda de produtos. O estúdio achava que acabara de economizar meio milhão de dólares, sem nenhuma desvantagem.

Entre 1977 e 2015 (antes do lançamento de *Star Wars: o despertar da força*), os filmes da franquia Star Wars renderam mais de 5 bilhões de dólares só em vendas de ingressos. No mesmo período, a venda de produtos rendeu 12 bilhões de dólares.

É isso mesmo... a 20th Century Fox vendeu os direitos de venda de produtos a George Lucas por uma mixaria e perdeu uma grande parte da receita da franquia. O estúdio acreditava, como a maioria dos executivos de Hollywood na época, que se ganha dinheiro com filmes vendendo ingressos. Ponto.

George Lucas via o negócio de uma forma totalmente diferente e mudou a indústria para sempre.

Será possível que a maioria dos presidentes executivos e diretores de marketing esteja vendo o marketing com base em suas próprias referências limitadas (o que acreditam ser verdade em relação ao marketing) e deixando de ver todo o potencial (o que eles talvez não saibam, como fizeram os executivos de Hollywood? Estariam eles matando seu marketing de dentro para fora sem se dar conta?

O OBJETIVO DO MARKETING

Em um de seus 70 livros sobre marketing, o famoso professor Philip Kotler explicou que o "mantra do marketing era o CCD-

VTP" (na sigla em inglês). Esta sigla indicava que a principal função do marketing deveria ser:

> *Create, Communicate, and Deliver Value to a Target market at a Profit* — criar, comunicar e fornecer valor a um mercado-alvo com lucro.

Agora, é claro que o "lucro" do qual fala Kotler é a ideia de que o marketing deve, em última análise, gerar mais vendas de produtos do que criar custos para facilitar tais vendas. É isso que os profissionais de marketing chamam de retorno sobre o investimento (ROI) do marketing.

Nos últimos 50 anos, a maior parte do marketing girou em torno da publicidade ou do aluguel de espaço em canais para atrair atenção e, quem sabe, mudar o comportamento do consumidor. Na última década, entretanto, empresas inovadoras encontraram uma "nova" maneira de fornecer valor ao seu público-alvo. Nessa abordagem, chamada de *marketing de conteúdo*, as organizações criam conteúdo relevante e atraente, direcionam-no para grupos específicos do público e, ao longo do tempo, observam nesse público mudanças positivas de comportamento que, em última análise, são lucrativas para os negócios. Algumas empresas, como a John Deere, empregam o marketing de conteúdo há mais de cem anos; em outras, no entanto, a abordagem é relativamente nova. Seja como for, os objetivos permanecem os mesmos.

Em geral, as empresas criam e distribuem conteúdo não relacionado a produtos para gerar impacto em seus negócios de três maneiras:

- Aumentar a receita (meta de vendas ou conquista de novos clientes).
- Reduzir custos (meta de economia ou aumento de clientes a um custo menor).

- Criar mais clientes fiéis (meta de retenção ou manutenção de clientes).

Mas, ultimamente, há uma nova abordagem que fez as empresas reavaliarem toda a função do marketing.

O QUARTO MODELO: MARKETING COMO CENTRO DE LUCRO

Tive a oportunidade de ouvir Robert Sperl, diretor editorial da revista *Red Bulletin*, da Red Bull, explicar a origem da Red Bull Media House. Em 2005, a gigante fabricante de bebidas foi uma das principais patrocinadoras das corridas de Fórmula 1. Havia uma única meta para as corridas: distribuir um guia impresso com os resultados da corrida para os fãs que saíam, imediatamente após a corrida.

Antes de cada corrida, a equipe editorial da Red Bull reunia histórias de bastidores sobre os motoristas e fatos divertidos sobre o evento e depois montava e imprimia o grosso de cada revista antes que a corrida começasse. Para completar a revista e adicionar os resultados da corrida, carregavam para cada pista uma impressora Heidelberg de uma tonelada. Assim que a corrida acabava, eles imprimiam rapidamente os resultados na Heidelberg e distribuíam as revistas para os participantes na saída — uma façanha surpreendente, realizada em tempo quase recorde.

Dois anos depois, a Red Bull decidiu transformar a publicação das corridas numa revista masculina sobre estilo de vida. E lançou em cinco países o periódico que veio a se tornar a *Red Bulletin*, com conteúdo 70% internacional e 30% localizado. Atualmente, a revista *Red Bulletin* é publicada em cinco idiomas e distribuída em dez países. A Red Bull imprime e distribui mais de dois milhões de exemplares por mês, inclusive 550.000 que são enviados para os assinantes pagos.

A *Red Bulletin* não se mede pelo número de latas de Red Bull vendidas nem pela forma como convence os clientes da Red Bull a comprar e beber mais. Ela se mede como uma empresa de mídia; a Red Bull Media House participa de iniciativas lucrativas por mérito próprio, como o *Washington Post*, a CNN ou o *Financial Times*. Hoje, a Red Bull Media House é uma das empresas de mídia mais bem-sucedidas do mundo. O que começou como uma simples revista evoluiu para séries de TV, documentários, eventos de nível internacional, um estúdio de gravação de música, além de *merchandising*; a Red Bull também licencia seu conteúdo para empresas de mídia tradicionais, como *The New York Times*.

Enquanto, na melhor das hipóteses, outras empresas se envolviam com a mídia como um projeto paralelo, como a Red Bull viu essa oportunidade? É simples: Robert Sperl e a maior parte dos outros membros da equipe de mídia da Red Bull vieram da indústria editorial e de mídia. Como George Lucas, os membros da equipe de conteúdo da Red Bull viram o modelo de negócios diante deles como uma progressão natural, em vez de olhar para trás, como muitos profissionais de marketing fizeram antes.

Hoje, o modelo da Red Bull é reproduzido em diversos níveis em todo tipo de empresa. Empresas do tipo B2B (*business-to-business*, de empresa a empresa), B2C (*business-to-consumer*, da empresa ao consumidor) e até entidades sem fins lucrativos estão começando a perceber que, quando se concentram na elaboração de conteúdo valioso e envolvente, surge um novo modelo: o marketing como centro de lucro.

Podemos realmente transferir o marketing do campo das finanças para o campo da receita? O marketing pode realmente atender a vários modelos de negócios?

O nosso livro *Killing Marketing* apresenta um modelo de negócio totalmente novo que otimiza as forças inovadoras enfrentadas pelo marketing e pela publicidade, que também alteram essencialmente o objetivo do marketing na empresa. Como os executivos de Hollywood que erraram na receita do *merchandising* de *Star Wars*, acreditamos que, na maioria dos casos, os profissionais de marketing estão cegos para essa nova oportunidade.

Alguns começam a ver que, para sermos bem-sucedidos, precisamos matar nossas velhas crenças de marketing para descobrir um novo modelo.

A Salesforce, empresa líder de CRM (Gestão de Relacionamento com o Cliente) em nuvem, realiza um evento anual em São Francisco chamado Dreamforce. É um dos eventos físicos mais valiosos do mundo, que todo ano atrai mais de 150.000 pessoas e centenas de patrocinadores.

A Johnson & Johnson gerencia o site BabyCenter.com como uma divisão totalmente separada da empresa. O BabyCenter tem um alcance de mais de 45 milhões de pais e mães por mês, em todos os cantos do mundo, com suas onze propriedades gerenciadas em nove idiomas diferentes. Nos Estados Unidos, oito de cada dez mães usam o BabyCenter.

O filme "*Uma Aventura LEGO*" foi produzido pela LEGO como uma iniciativa para gerar lucro. Com um orçamento de 60 milhões de dólares, o filme teve um faturamento mundial de quase meio bilhão.

Tais exemplos, quase despercebidos pelos profissionais de marketing ou mesmo rejeitados como sorte ou irregularidades, são apenas a ponta do iceberg. No entanto, em futuro próximo, esse modelo será a regra, não a exceção, para todas as empresas inovadoras do planeta.

GERAÇÃO DE VALOR FORA DOS PRODUTOS

De acordo com a SiriusDecisions, há uma chance em 25 de se atingir uma estrutura executiva em nível de diretoria com o *outbound marketing,* ou prospecção ativa. Deve haver uma maneira melhor.

Estamos começando a ver os sinais dessa maneira melhor.

Em 2016, tanto a Pepsi quanto a Mondelez anunciaram o lançamento de divisões de mídia. Nos dois casos, os líderes de marketing dessas empresas falaram abertamente que uma parte de sua mídia seria autossustentável ou até mesmo lucrativa.

Poucos meses depois, a Arrow Electronics, indústria fabricante de produtos eletrônicos e uma das 500 maiores empresas do mundo segundo a revista *Fortune*, adquiriu da UBM (uma das maiores empresas promotoras de mídia e eventos do mundo) e da Hearst uma série de marcas de mídia B2B. Além de adquirir listas de assinantes e talentos editoriais incrivelmente valiosos, a Arrow também comprou uma estratégia de marketing independente que é lucrativa por si só.

A Red Bull, a Johnson & Johnson e a Arrow Electronics ainda comercializam seus produtos como as outras empresas, com publicidade e relações públicas tradicionais. Mas, com suas iniciativas voltadas ao conteúdo e à criação de público, elas geram valor além dos produtos cotidianos que vendem e monetizam de forma direta esse conteúdo. Em todos os sentidos da palavra, elas são empresas de "mídia". É claro que tais iniciativas vendem mais latas, mais leite em pó para bebês e mais componentes elétricos. O fornecimento de conteúdo incrivelmente útil mantém os clientes por mais tempo, os faz comprar mais e até ajuda a fechar mais rapidamente as vendas a clientes novos. O engajamento com o conteúdo revela um profundo conhecimento do comportamento do cliente e leva ao desenvolvimento de novos produtos e serviços. Com tudo isso, o marketing se paga e até gera lucro para a empresa.

Esse é o futuro da IBM, da General Motors, da Cisco Systems: criar mídia própria que, além de gerar mais *leads* e oportunidades, seja tão boa que o marketing se pague.

O QUE *KILLING MARKETING* PROPORCIONARÁ

Na última década, Robert e eu testemunhamos o início dessa transformação. Agora virou rotina as marcas terem publicações tão atraentes quanto aquelas das empresas de mídia tradicionais em qualquer setor específico. As empresas começaram a adquirir empresas de mídia, a lançar marcas de conteúdo específicas e a vender publicidade, treinamento e assinaturas como parte dessa estratégia.

A publicidade tradicional, o marketing direto, o marketing digital e até as mídias sociais estão todos em transformação. E todos apontam um cenário em que as marcas vão diretamente aos consumidores, em vez de recorrer aos controladores da mídia tradicional para atingi-los. O único fato que impediu isso no passado foi a dificuldade de se posicionar à frente do público.

Alexis Ohanian, cofundador do Reddit, explica melhor: "Durante séculos, a inovação esteve limitada aos que tinham acesso aos meios de produção e à mão de obra. Hoje em dia, você pode simplesmente criar e apresentar [distribuir] as suas ideias online. É claro que, se é assim tão fácil para você, será assim tão fácil para todo mundo." Com o advento da Internet e do conteúdo digital, o acesso ao público foi democratizado. Tudo o que resta agora é uma corrida pela competência e pelo talento. O marketing como o conhecemos está morrendo lentamente, e a maioria dos executivos de marketing não percebe.

Killing Marketing é um olhar visionário e, ao mesmo tempo, pragmático de como as empresas estão começando a fazer essa transformação. Lançamos luz sobre o modo como as marcas:

- Adquirirão competência para transformar parte de sua operação de marketing para funcionar como uma empresa de mídia.

- Integrarão às iniciativas tradicionais de marketing uma operação de conteúdo como valor e, com o passar do tempo, investirão nessa nova operação.

- Criarão as melhores práticas relacionadas à maneira como as empresas atraem e retêm seu público e competirão tanto com os concorrentes de sempre quanto com as empresas de mídia tradicionais que também visam a seus clientes.

- Formularão um processo para criar uma estratégia de mídia paga ou espontânea que, na verdade, será impulsionada por uma estratégia lucrativa de mídia própria.
- Aprenderão com dezenas de empresas a desenvolver um processo bem-sucedido que possa ser repetido.

PENSE DIFERENTE

Quer você seja o presidente executivo de uma das 500 maiores empresas da revista *Fortune*, quer seja o vice-presidente de marketing de uma empresa de médio porte, quer seja o dono de uma pequena empresa, este livro é para quem deseja (e provavelmente precisa) pensar de forma diferente num modo de expandir seus negócios — especialmente em um momento no qual qualquer pessoa, em qualquer lugar, pode copiar o seu produto ou serviço. Não importa qual o seu cargo ou função; se faz parte do processo de vendas e marketing para gerar receita, este livro foi feito para você.

Como profissional de marketing, o seu trabalho é se livrar de preconceitos e começar a ver o marketing não só como algo que impulsiona a demanda. É preciso olhá-lo como se você fosse um estrangeiro vendo um país novo pela primeira vez. Pergunte-se: O que mais o conteúdo está fazendo? Depois, pergunte-se: O que mais o conteúdo pode fazer?

Em última análise, você terá de tomar a decisão de acabar com a maneira como comercializa seu produto para que possa se beneficiar de um modelo inteiramente novo.

As habilidades de marketing de amanhã envolvem partes iguais de marketing e publicação. Para sobreviver, precisamos entender ambos e o modelo de negócio que nasce dessa mistura. Esperamos que esta seja uma jornada divertida e esclarecedora para você.

Para ajudá-lo na sua missão, incluímos, no final de cada capítulo, as seguintes seções:

- **Ideias lucrativas.** São questões e tópicos a serem mantidos em mente para ajudá-lo a pensar de outra forma em suas vendas, marketing e comunicação.

- **Recursos lucrativos.** Este livro aproveita literalmente milhares de livros, artigos, podcasts, publicações em blogs, filmes, apresentações e comentários de colegas e influenciadores. Cada um desses recursos que ajudaram a elaborar um capítulo específico será incluído no seu final.

Obrigado por decidir embarcar conosco nessa jornada épica. Boa sorte!

Paciência, persistência e suor são uma combinação imbatível para alcançar o sucesso.

Napoleon Hill

Ideias lucrativas

- Nos últimos 20 anos, houve uma transformação radical no marketing; no entanto, a maioria das empresas (e dos profissionais de marketing) pratica o marketing exatamente da mesma maneira.

- As empresas mais inovadoras do mundo identificaram essa mudança e começaram a transferir o marketing de um centro de custo (ou um imposto sobre o negócio) para um verdadeiro centro de lucro.

- Para ser bem-sucedido nesse novo modelo de negócio do “marketing de mídia”, é preciso esquecer o que você sabe sobre marketing e vê-lo com novos olhos.

Recursos lucrativos

- Amos Tversky e Daniel Kahneman, "Belief in the Law of Small Numbers", *Psychological Bulletin* 76, nº 2 (agosto de 1971), pp. 105-110.
- Michael Lewis, *The Undoing Project* (W. W. Norton & Company, 2016).
- "Franchises: Star Wars", BoxOfficeMojo.com, acessado em 23 de maio de 2017, http://www.boxofficemojo.com/franchises/chart/?id=starwars.htm.
- "The Real Force Behind Star Wars: How George Lucas Built an Empire", TheHollywoodReporter.com, acessado em 23 de maio de 2017, http://www.hollywoodreporter.com/news/george-lucas-star-wars-288513.
- "The Ingenious Path George Lucas Took to Making Billions off Star Wars", BusinessInsider.com, acessado em 23 de maio de 2017, http://www.businessinsider.com/how-star-wars-made-george-lucas-a-billionaire-2015-12.
- "How Star Wars Changed Film Marketing Forever", AMA.org, acessado em 23 de maio de 2017, https://www.ama.org/publications/MarketingNews/Pages/the-history-of-marketing-star-wars.aspx.
- "We Can Say that CCDVTP Is a New Marketing Theory (Philip Kotler)", bayt.com, acessado em 23 de maio de 2017, https://www.bayt.com/en/specialties/q/42325/we-can-say-that-quot-ccdvtp-quot-is-a-new-marketing-theory-philip-kotler/.

Recursos lucrativos *(continuação)*

- "Mondelez Makes Moves to Look More Like a Media company", WSJ.com, acessado em 23 de maio de 2017, https://www.wsj.com/articles/mondelez-makes-moves--to-look-more-like-a-media-company-1464692402.
- "The LEGO Movie", boxofficemojo.com, acessado em 23 de maio de 2017, http://www.boxofficemojo.com/movies/?id=lego.htm.
- Alexis Ohanian, *Without Their Permission* (Business Plus, 2013).

CAPÍTULO 1

Killing Marketing

ROBERT ROSE

A maioria das empresas não fracassa porque está errada; elas fracassam porque não se empenham. O maior perigo está em ficar parado.

Andy Grove, presidente executivo, Intel

Rápido, mate-o antes que ele ponha ovos.

Meme popular da internet

Você sabia que o desastre aéreo é uma invenção?

É, sim. Ele se une ao desastre automobilístico, à pipoca queimada no micro-ondas e à falha do disco rígido como uma das invenções mais notáveis do século XX.

Essa ideia vem do francês Paul Virilio, teórico cultural, urbanista e "filósofo da velocidade". O conceito de Virilio diz respeito à tecnologia e como a invenção de qualquer tecnologia nova cria também, ao mesmo tempo, o desastre resultante dessa tecnologia. Como ele diz, "quando inventamos o navio, inventamos também o naufrágio; quando inventamos o avião, inventamos também o acidente aéreo".

Todas as inovações tecnológicas, sejam um navio, um avião, a pipoca de micro-ondas, o disco rígido do computador ou até mesmo novas abordagens nos negócios, têm desastres correspondentes com consequências para nós como seres humanos. E essa é uma excelente metáfora de onde estamos em relação à prática atual do marketing.

Na Introdução deste livro, Joe fez uma importante pergunta: **"E se tudo o que sabemos ser verdade sobre o marketing, na realidade, for o que impede o crescimento da empresa?"**

E se finalmente nos déssemos conta de que inventamos o naufrágio do marketing?

Não devemos examiná-lo? Não devemos reformulá-lo?

E se matássemos o marketing da forma como o conhecemos... para que pudéssemos reinventar algo novo?

Sem dúvida, neste momento não é uma grande revelação que o cenário do marketing e da mídia mudou substancialmente nos últimos 18 anos. Como Joe e eu escrevemos em *Managing Content Marketing*, nosso primeiro livro juntos, em 2011:

> Todos concordamos que a influência do crescimento explosivo da Internet móvel e das redes sociais está criando alterações sísmicas em todas as áreas dos negócios. Observamos que, enquanto a Internet ameaça a existência de setores inteiros voltados para o conteúdo, como periódicos, jornais, livrarias, gravadoras e a televisão aberta [...] categorias profissionais como gerente de benefícios de RH, agente de viagens, bibliotecário, jornalista, fotógrafo, cinegrafista e *web designer* estão seguindo o caminho do linotipista, do estenógrafo e do ascensorista.
>
> As redes sociais e a Internet móvel mudaram completamente a velocidade, a eficiência e a facilidade com que os consumidores interagem uns com os outros, e isso causou um enorme impacto sobre as marcas. Agora, essa nova necessidade de engajamento do consumidor está relacionada a todos os aspectos do negócio. Hoje, o marketing influencia a maneira como nossos vendedores vendem, como os contadores contabilizam, como os pesquisadores pesquisam, como os de-

senvolvedores desenvolvem, como o pessoal de atendimento atende os clientes e até mesmo como os líderes lideram.

É engraçado: como profissionais de marketing, estamos extremamente conscientes de que o mundo mudou ao nosso redor. Mas não mudamos o marketing em nada.

Agora, para sermos claros: não estamos falando do objetivo do marketing nem de por que ele existe. Em vez disso, falamos da função do marketing e como ele opera. O objetivo da empresa, como disse Peter Drucker há sessenta anos, é "criar e manter o cliente". E, como ele também disse, "marketing e inovação produzem resultados; todo o resto são custos. O marketing é a única função distinta e exclusiva do negócio." E, como função distinta e exclusiva do negócio, o objetivo do marketing é, portanto, ser aquele que gera e mantém clientes. Joe e eu concordamos totalmente.

A única pergunta é: *como isso é feito?*

Mesmo com as mudanças essenciais que ocorreram no mundo em que vivemos, ainda não mudamos a função do marketing.

COMO CHEGAMOS A ESTE PONTO?

Um dos conceitos muitas vezes distorcidos nessa revolução da mídia e do conteúdo digital é que a criação de conteúdo se tornou democratizada. Isso não é verdade. A criação de conteúdo original não é mais fácil hoje do que era antes de Gutenberg inventar a prensa de tipos móveis. Ainda são necessários tempo e talento especializado para se concentrar na qualidade. O que foi democratizado até o ponto de saturação foram a produção e a distribuição de conteúdo. O que costumava exigir habilidades especiais, ferramentas caras, além de investimento grande e constante na distribuição, agora pode ser feito ostensivamente por qualquer um, com ferramentas gratuitas e prontas para uso.

Curiosa e paradoxalmente, à medida que a produção e a distribuição de conteúdo se tornaram mais "comoditizadas", o valor do conteúdo original e de alta qualidade continuou a aumentar. A capacidade de chamar e manter a atenção do público com conteúdo original fica cada vez mais valiosa para qualquer empreendimento que deseje que o público faça algo, seja comprar, doar, votar, fidelizar ou disseminar uma mensagem.

No mundo de hoje, temos, como consumidores, ferramentas que filtram o ruído exatamente de acordo com o que queremos. E, assim que, como consumidores, encontramos a fonte das coisas de que gostamos e nas quais confiamos, tendemos a recorrer a ela como fonte contínua dessas informações ou desse entretenimento.

É possível ver essa tendência acontecendo no cenário da mídia:

- O HBO Now, serviço exclusivo da HBO, ainda representa apenas uma pequena parcela de seus aproximadamente 50 milhões de assinantes de TV a cabo tradicional. No entanto, ele já adicionou 2 milhões de assinantes em menos de dois anos e está se acelerando. Em 2017, a HBO planejava adicionar mais de seiscentas horas de programação original.

- A Netflix, que começou como locadora de DVDs, passou de aproximadamente 27 milhões de assinantes em 2012 para mais de 60 milhões de assinantes em cinco anos. Levemos em conta que, nos próximos anos, mais de 50% do conteúdo da Netflix será produção original.

- Num ambiente transformado de mídia noticiosa, com *fake news* e veículos sob suspeita, marcas como *The New York Times*, *Washington Post*, *Atlantic* e outras estão constatando um aumento exponencial das assinaturas.

- A Amazon, maior rede varejista do mundo, lançou a Amazon Studios e pretendia gastar em 2017 mais de 2,6 bilhões de dólares em conteúdo original para o Amazon Prime, seu serviço de *streaming*.

Figura 1.1	Curva de valor de mídia própria

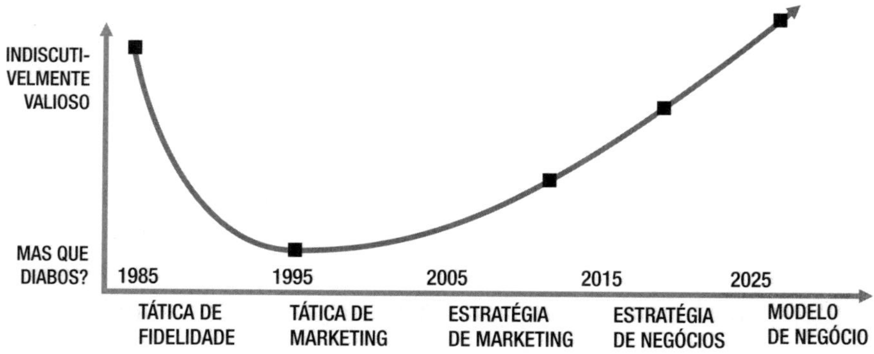

A percepção do valor do conteúdo de mídia própria diminuiu drasticamente à medida que a tecnologia democratizou a produção e a distribuição. No entanto, a importância de aquisição, retenção e relacionamento com o público resultou num aumento recente da percepção do valor e numa oportunidade para o renascimento do marketing.

E podemos observar essa tendência também no valor do conteúdo empresarial original. Quando traçamos o valor estratégico do conteúdo ao longo do tempo, obtemos um gráfico como o exibido na Figura 1.1. Como mostra a figura, a percepção do valor do conteúdo começou muito alta e despencou à medida que o custo de produção e distribuição diminuiu com as novas tecnologias. Agora, esse valor começou a aumentar de forma acentuada à medida que o conteúdo se torna um meio mais significativo de se conectar com o público-alvo e os compradores. Vamos analisar com mais detalhes cada uma das fases.

CONTEÚDO ORIGINAL: A TÁTICA DE FIDELIDADE

No mundo pré-digital e pré-Internet, o valor do conteúdo original era relativamente alto para a empresa. Por quê? Porque, para a empresa, cada conteúdo era considerado uma compra. Como mencionamos, não era a geração de conteúdo original que era tão cara; era a produção e a distribuição desse conteúdo. Fosse um anúncio impresso, um folheto, um outdoor ou uma revista genérica, o custo era algo para o qual você precisava de especialistas. No início dos anos 1980 (era pré-digital), o custo médio de produzir um anúncio de página inteira em quatro cores era de aproximadamente oito mil dólares. Isso representa aproximadamente vinte mil dólares em valores de 2017. Hoje, se você quiser produzir um anúncio de página inteira em quatro cores, de acordo com os especialistas, o custo pode chegar perto de zero (supondo que você tenha uma licença do software) para abrir o Adobe Photoshop e você mesmo fazer. Ou você pode apelar para uma solução via Internet por encomenda, como o 99Designs.com, e pagar duzentos dólares. Ou você pode contratar um freelancer ou uma agência diretamente e pagar entre 1.500 e 30.000 dólares por um produto de alta qualidade.

Naquele tempo, a distribuição do conteúdo original era um aspecto ainda mais caro. O único meio de distribuir conteúdo era otimizar as suas listas de mala-direta, colocar o conteúdo (para compra) num ponto de venda do varejo ou "alugar" de uma empresa de mídia o acesso ao público.

Portanto, o custo do conteúdo original (leia-se "risco") era alto. E, quando voltamos a atenção para a mídia própria, podemos ver uma tendência clara e distinta. Como Joe e eu escrevemos nos nossos livros anteriores, a ideia de criar mídia própria para o público-alvo não é inédita. Ela já existe há séculos. Mas a mídia própria da era pré-digital era usada de forma mais constante como tática de fidelidade. Eram as revistas de bordo, encontradas no bolso da poltrona da companhia aérea. Era uma revista de associação que você recebia por ser membro. Eram experiências *adicionais* voltadas para o conteúdo, que você recebia *depois* de se tornar cliente. Por quê? Porque, àquela altura, a empresa sabia que você realmente receberia o conteúdo. Tinha o seu endereço, o seu telefone. Ou a publicação era literalmente jogada na sacola da loja onde você acabou de fazer uma compra. A empresa sabia como chegar a você e, dessa forma, a tática de fidelidade era a única abordagem que tinha um risco suficientemente baixo para justificar a produção de um conteúdo caro. Era um canal de distribuição que a marca controlava.

Então, conforme mostrado na Figura 1.1, a percepção do valor do conteúdo despencou vertiginosamente à medida que entramos na era digital, queda impulsionada pela revolução do processamento de texto e da editoração eletrônica nas décadas de 1980 e 1990 e depois, obviamente, pelo fenômeno da Internet e da World Wide Web do início dos anos 2000. De repente, você poderia produzir seu conteúdo original utilizando tecnologia de nível profissional (ou empresarial), e o custo de produção e distribuição diminuiu. Assim, o risco diminuiu e o apetite das empresas por produzir mais e mais conteúdo aumentou.

CONTEÚDO: A TÁTICA DE MARKETING

O início dos anos 2000 foi uma época na qual as empresas decidiram evitar a mídia tradicional. A tecnologia digital nos permitia contorná-la. Podíamos utilizar a tecnologia disponível para construir o nosso destino próprio para o conteúdo na Internet. Podíamos enviar uma mensagem diretamente aos clientes utilizando e-mail e, posteriormente, as mídias sociais. Podíamos empregar tecnologias para construir comunidades. O único desafio? Ser encontrado. A tarefa era criar na internet destinos otimizados que fossem fáceis de encontrar pelos mecanismos de busca. O tráfego era barato (ou mesmo gratuito) e podíamos colher os frutos publicando o máximo de conteúdo possível em nossos sites.

E, dessa forma, o risco e o valor percebido do conteúdo despencaram — tanto os custos de sua produção quanto o valor que a empresa lhe atribuía. O conteúdo de mídia própria se tornou uma simples tática de marketing. Passamos a responsabilidade de nossos sites aos "jovens", os estagiários e os sobrinhos e sobrinhas. As empresas criaram grupos de marketing digital separados com a única finalidade de gerar mais e mais alcance e frequência digitais. Entretanto, os grupos separados receberam pouco investimento. O "valor real" da mídia ainda era mantido nos canais tradicionais de produção e de distribuição. Uma citação famosa do início dos anos 2000 era que não queríamos "trocar dólares analógicos por centavos digitais".

Mas as empresas avançaram com vigor sobre cada novo canal e *feed* de conteúdo que puderam — e perseguiram a tecnologia vorazmente, tentando aplicar as regras clássicas de vendas e marketing ao novo mundo digitalizado. A teoria era que o conteúdo digital seria sempre mais barato de produzir, mais fácil de distribuir e mais eficiente do que qualquer coisa que tivesse vindo antes. Então, por que não produzir o máximo que pudéssemos?

Mas isso parou de dar certo. Ficou cada vez mais difícil produzir resultados. O que aconteceu? As regras mudaram.

As pessoas começaram a consumir cada vez mais mídia, pulando para mais de dez horas por dia, todos os dias. E passamos a maior parte desse tempo nas redes sociais. Hoje em dia, o Facebook sozinho consome uma média de cinquenta minutos do dia de uma pessoa.

E o tsunami de conteúdo obrigou as empresas a mudar o seu modelo outra vez. O Google mudou os algoritmos para recompensar o "conteúdo de qualidade", na tentativa de aumentar o valor da pesquisa para os anunciantes. O Facebook e as outras plataformas sociais decidiram que o alcance orgânico não seria mais algo obtido de forma gratuita. Subitamente, as novas mídias ficaram muito parecidas com as velhas, protegendo o relacionamento com o seu público-alvo e detestando dar simplesmente o acesso. De repente, *qualidade* ficou importante. E os profissionais de marketing mais avançados perceberam que também poderiam competir nesse ambiente. Não precisavam mais depender da mídia tradicional para a produção e a distribuição. Empresas com marketing inteligente poderiam alavancar a produção e a distribuição baratas e agregar seu público próprio. O desafio para esses profissionais de marketing: além de criar conteúdo original *para* a mídia, eles tinham de *se tornar* a mídia. A pressão por valor começou a aumentar, porque essa transformação exigia algo que eles não tinham: talento.

CONTEÚDO: A ESTRATÉGIA DE MARKETING

Conforme saíamos da grande recessão de 2008 a 2010, os profissionais de marketing começaram a perceber o valor cada vez maior do conteúdo original em mídia própria como uma forma de aumentar a confiança dos clientes. As marcas inovadoras fundaram editoras e produziram conteúdo original em vários formatos. Por exemplo, a General Electric criou várias revistas digitais, como a *GE Reports*, com alcance de 300 mil leitores, colocando-se no mesmo nível de muitas revistas científicas voltadas para o consumidor. Outro exemplo é o OPEN Forum da American Express, uma comunidade e fonte educacional onde os donos de pequenas empresas podem aprender entre si e com grandes pensadores da administração. Esse fórum tem um alcance de mais de um milhão de visitantes independentes por mês e hoje origina 50% dos pedidos de aplicativos de cartão de crédito para pequenas empresas.

Tanto as marcas B2B (*business-to-business*, ou "de empresa para empresa") quanto as B2C (*business-to-consumer*, ou "de empresa para consumidor") reconheceram o poder do conteúdo como estratégia de marketing. Empresas grandes como a General Electric, a LEGO, a Kraft/Heinz, a IBM, a Cisco, a P&G, a Coca-Cola e a Capital One começaram a criar publicações de mídia própria como forma de estabelecer relacionamentos estratégicos com o público. O interesse renovado em "publicação personalizada", com ênfase no meio digital, começou a oferecer novos modelos de negócio às empresas de mídia.

O Leão de Ouro de Cannes, um dos mais prestigiados eventos de publicidade realizado desde a década de 1940, adicionou a nova categoria de "conteúdo de marca" em 2012.

O conteúdo começou a ser considerado estratégia. Como prática, o marketing de conteúdo passou a ter mais importância.

Deixou de ser tática para ser uma valiosa estratégia de marketing. Como Joe escreveu em 2008, em seu primeiro livro *Get Content Get Customers* (Tenha conteúdo, tenha clientes), com Newt Barrett:

> Agora, as empresas de marketing estão percebendo que podem criar conteúdo com qualidade igual ou melhor do que a de muitas empresas de mídia [...]
>
> Quando disponibilizar conteúdo vital e relevante para o seu mercado-alvo, você passará a assumir um papel importante na vida dos clientes. Isso se aplica às comunicações online, impressas e presenciais. E é o mesmo papel que jornais, revistas, TV, rádio, conferências, workshops e sites da internet desempenharam no passado. Agora é a vez da sua organização desempenhar esse papel.

Então, o valor começou a aumentar, mas também o risco e o custo de adquirir novos talentos. As marcas que optaram por desempenhar o papel se depararam com os desafios e realizações inevitáveis. A criação de conteúdo original e de alta qualidade é difícil. Para ser bem-sucedido, é preciso ver o marketing sob uma ótica totalmente diferente. Essa estratégia era tentadora, mas o conteúdo original exigia talentos que as empresas não tinham, mudanças de cultura que as empresas não queriam fazer e novas providências, governança e processos que as empresas não entendiam.

E isso nos traz até onde estamos hoje em dia.

CONTEÚDO: A ESTRATÉGIA DE NEGÓCIOS

Em 2015, Joe lançou o livro *Conteúdo S.A.*, no qual fala de um modelo de negócio diferente; nele, as empresas primeiro constroem um público e, depois, determinam que produtos devem ser vendidos:

> No futuro, milhares de empresas do mundo inteiro estarão alavancando uma estratégia de acesso ao mercado conforme o Conteúdo S.A. Por quê? Porque ter um foco exclusivo no público e construir diretamente um público fiel traz a melhor

compreensão de quais produtos, em última análise, faz mais sentido vender.

Em *Experiences*, meu livro anterior escrito com Carla Johnson e lançado em 2015, escrevemos sobre a evolução que estava por vir quando dissemos:

> O conteúdo, que toda empresa produz em quantidade que cresce exponencialmente, afeta a nossa estratégia de marketing e deve ser tratado como um componente dessa estratégia na empresa como um todo [...] O conteúdo afetará os negócios; a questão é apenas "como", não "se".

Essa é a situação da mídia própria e do marketing hoje. O valor potencial da mídia própria para a empresa vem crescendo rapidamente. As empresas inovadoras que têm ficado ao longo da curva, como a Kraft/Heinz, a General Electric e a Johnson & Johnson, não se dispõem mais a simplesmente aceitar a ideia de que precisam alugar acesso ao público o tempo todo. Não consideram mais as mídias sociais apenas como um meio para construir organicamente uma comunidade de clientes fidelizados. Não aceitam que o conteúdo seja simplesmente um investimento de curto prazo destinado a complementar a publicidade. Elas levam em conta de que modo as experiências de mídia própria — e o público que constroem — podem acrescentar várias linhas de valor aos negócios e, dessa forma, alterar não só a abordagem de marketing como toda a estratégia de negócios.

Falaremos disso por meio dos exemplos deste livro, pois é onde nos encontramos hoje. Mas ainda há outra etapa. E chegar lá significa que o marketing, como atualmente o conhecemos, deve morrer.

CONTEÚDO: O MODELO DE NEGÓCIO

À medida que adentramos a década de 2020 e além, uma nova função começa a permear a função do marketing. **É o uso estratégico**

do conteúdo, que, além de criar público e impulsionar a criação e retenção de clientes, fará isso gerando lucro. Desse modo, o marketing que conhecemos hoje se transformará em algo novo. Toda a prática do marketing vai evoluir, e algumas ou todas as funções de marketing poderão ser transferidas do centro de custo para o centro de lucro.

Como Joe indicou na introdução deste livro, "esse é o futuro da IBM, da General Motors, da Cisco Systems: criar mídia própria que, além de gerar mais *leads* e oportunidades, seja tão boa que o marketing se pague".

Mas, como eu disse, para isso temos de nos dispor a "matar" o marketing que conhecemos.

KILLING MARKETING

Se disséssemos que o líder de marketing das empresas deveria ter a mesma importância dos profissionais considerados mais avançados na arte, na ciência, no direito e/ou na medicina, a maioria das pessoas provavelmente riria.

Hoje, embora talvez considerado *sexy* por fora, para a maioria das empresas o marketing está em nível mais mediano e desfavorecido.

O marketing é aquela atividade que a maioria das empresas desejaria não ter de praticar. Para muitas empresas, ele é simplesmente um "imposto" sobre o sistema, e o foco é fazer o mínimo investimento possível. A maioria das empresas se esforça para obter o que chamo de "marketing minimamente viável". Um presidente executivo com quem falei diretamente disse: "O marketing é um imposto. Portanto, às vezes vou sonegar, vou cortá-lo com frequência e sempre usarei todo o meu poder para pagar o mínimo possível". Em muitas empresas do tipo B2B (*business to business*), não há realmente um líder estratégico de marketing. Há apenas um grupo de pessoas que fazem tarefas relacionadas ao marketing. Pode ser que a equipe de marketing se reporte ao departamento de vendas como se fosse uma "agência interna". Ou, caso haja um líder, o seu único foco é gerar mais *leads* e oportunidades para as equipes de vendas.

Quanto às empresas do tipo B2C (*business to consumer*), o marketing pode ser levado mais a sério, mas ainda é "o departamento que simplesmente encontra formas cada vez mais inteligentes de mostrar o que a empresa faz". E, como diz a citação da lenda do marketing e professor Philip Kotler, "O marketing não é a arte de encontrar formas inteligentes para mostrar o que você faz. O marketing é a arte de criar valor real para os seus clientes. É a arte de ajudá-los a melhorar".

Agora, isso não quer dizer que algumas empresas não tenham ideias claramente definidas sobre o que é o marketing e como ele funciona. Empresas como a P&G, a General Electric, a LEGO e a Apple se destacaram na produção de estratégias que estão entre as melhores do mundo. Na verdade, a P&G é lendária pela abordagem do treinamento de marketing. Entre os ex-alunos de marketing da P&G, temos Steve Ballmer, ex-presidente executivo da Microsoft, Meg Whitman, ex-presidente executiva da HP, Jeff Immelt, presidente executivo da General Electric, Fabrizio Freda, presidente executivo da Estée Lauder, e Paul Polman, presidente executivo da Unilever.

Entretanto, para cada P&G ou General Electric, existem centenas de milhares de outras empresas que lutam para identificar a natureza estratégica de seus esforços de marketing. O crescimento rápido da digitalização e de novas práticas nos negócios simplesmente subjugaram essas empresas, a ponto de os departamentos de marketing de hoje buscarem tecnologia para tentar digitalizar processos tradicionais, em vez de criar novas estratégias e descobrir como digitalizá-las.

As práticas fundamentais do marketing não mudaram nos últimos sessenta anos. A maioria dos departamentos de marketing, apesar de hoje em dia haver um departamento gêmeo chamado "marketing digital", ainda se concentra nas mesmas funções. Eles criam, executam e repetem campanhas temporárias em veículos de mídia tradicional (leia-se "caros") e esperam melhorar o resultado para que sua mensagem repercuta diante do público alugado. Então, ao mesmo tempo, eles dão suporte a outros esforços — de departamentos de vendas a comércio eletrônico e relações públicas entre outros, com recursos criativos que podem alimentar campanhas temporais desses departamentos. Como dissemos no início do capítulo, esse sempre foi o trabalho do marketing: maximizar o alcance de nossa mensagem nas campanhas e minimizar a frequência com que precisamos fazer isso.

Mas a sua eficácia — ou, pelo menos, a percepção dessa eficácia — continua a se degradar com o tempo. Numa entrevista recente para o *The Marketing Journal*, Bernie Jaworski, ocupante da cátedra Drucker de Administração e Artes Liberais da Escola Drucker de Administração da Universidade de Clairmont, disse:

> Acho que há muita ambiguidade no que se refere a onde e como o marketing pode agregar valor à organização. Cinquenta por cento da função do diretor de marketing não são marketing. Além do mais, em muitas situações as empresas perderam o "controle" de sua história.

Vamos avaliar duas tendências. Na pesquisa CMO Spend Survey (pesquisa de gastos de diretores de marketing) de 2016-2017, a empresa de consultoria Gartner descobriu que os orçamentos de marketing subiram para 12% da receita da empresa. Foi o terceiro ano consecutivo de aumento do orçamento. O maior aumento foi no meio digital, onde o conteúdo, o comércio digital e a publicidade digital foram as principais categorias.

Deveríamos ver isso como notícia boa? Bem, é possível — mas também se pode defender o forte argumento de que "é jogar dinheiro bom em coisa ruim". Sim, adotamos novas tecnologias, aprendemos a nos expressar em 140 caracteres, voltamos o nosso foco para o cliente e diversificamos os investimentos para lidar com a fragmentação do público-alvo. Mas, como acontece há mais de cem anos, nosso investimento em marketing ainda é quase totalmente baseado no relacionamento atual com a mídia.

Os departamentos de marketing ainda são totalmente dependentes do relacionamento que as empresas de mídia têm com o público-alvo para, de tempos em tempos, obter acesso a ele e expor a nossa mensagem.

A matemática do investimento é muito simples. **Tentamos maximizar o alcance da nossa mensagem (aquilo que queremos usar para convencer o público) e minimizar a frequência (ou o custo inerente) de fazer a mesma coisa.** Em outras palavras, a nossa função é reduzir o atrito do custo de buscar e influenciar um determinado público. E para isso temos utilizado a mesma abordagem desde o início da mídia de massa. Seja mídia impressa, rádio, televisão, relações públicas, otimização de mecanismos de busca, publicidade digital ou publicidade nativa, tudo se resumia a maximizar o alcance e, ao mesmo tempo, minimizar o custo da frequência.

Infelizmente, essa velocidade e tecnologia transformaram o marketing num investimento do tipo *day-trading* (compra e venda de ações e mercadorias a curto prazo) em vez de investimento em valor ano longo prazo. Agora, as empresas esperam normalmente o retorno do investimento em meses, semanas, dias ou até minutos. Inventamos o marketing em tempo real, no qual empresas de tecnologia e pesquisa prometem "desbloquear seus dados" para lhe oferecer retorno do investimento em "tempo real". Hoje, os departamentos de marketing estão fascinados com análises preditivas, inteligência artificial e aprendizado de máquina, nos quais, em tese, podemos saber quais serão os resultados antes mesmo de começarmos. Isso é que é retorno do investimento!

A estratégia cuidadosa deu lugar à execução. A compreensão profunda deu lugar ao fracasso rápido. A inovação deu lugar à ineficiência aceitável. Pense nisso: em 2014, o Internet Advertising Bureau (IAB), líder em publicidade digital, afirmou que, por causa da tecnologia de bloqueio de anúncios, dos cliques fraudados em anúncios e de outras questões de tecnologia, os profissionais de marketing devem ter como meta uma visibilidade de 70% em seus anúncios. Esse seria o novo padrão aceitável de visibilidade.

Pense nisso um instante. Como profissionais de marketing, chegamos a um ponto em que, como arrendatários do acesso à mídia, fizemos o cálculo e determinamos que pagar um "imposto" de 30% numa compra de mídia é mais barato do que fazer algo completamente diferente. Talvez seja esse o motivo para vermos o crescimento dos orçamentos de anúncios digitais. *Não é que sejam mais eficazes; é só que está ficando cada vez mais caro manter a eficácia que desfrutamos.*

Esse foco na velocidade e na execução se tornou algo tão ruim que, num workshop recente que Joe e eu ministramos, um participante, diretor de marketing de uma grande empresa de alimentos, nos procurou e contou a história de sua última entrevista de emprego.

Ele disse que havia se encontrado com a equipe de marketing de outra empresa de alimentos para ver sua adequação ao novo cargo de diretor de marketing digital. Na entrevista, a equipe perguntou o que ele faria em suas primeiras semanas de trabalho. Ele começou a descrever como poderia trabalhar com a equipe para desenvolver uma nova estratégia de conteúdo que fosse aplicável ao marketing, ao marketing de conteúdo e às mídias sociais. A equipe o interrompeu e disse: "E se não tivermos tempo para isso?" Ele perguntou: "Vocês não têm tempo para estratégia?" A equipe disse: "Não, precisamos de retorno sobre o investimento. Não temos tempo para análises. Só precisamos que você venha e comece a obter resultados com postagens sociais e e-mail. Como você faria isso?".

Ele não conseguiu o emprego.

E se realmente matássemos o marketing e o reestruturássemos totalmente?

O que aconteceria se mudássemos totalmente a ideia da função do marketing?

- E se, em vez de começarmos a descobrir os recursos e benefícios dos produtos que oferecemos para venda, abordássemos toda a estrutura e a função do marketing, partindo da nossa estratégia de mídia? E se passássemos de campanhas em que tentamos alcançar os clientes com frequência e convencê-los a "comprar já" a uma abordagem de estratégia editorial que criasse experiências valiosas para o público que realmente quer nos ouvir?
- E se, em vez de tentarmos descobrir como nossa mídia própria pode dar apoio às campanhas de publicidade, começarmos com o modo como a publicidade paga pode dar apoio à nossa estratégia de conteúdo original em mídia própria?
- E se, em vez de passarmos todo o nosso tempo tentando otimizar a publicidade digital para torná-la cada vez mais barata, admitíssemos que criar conteúdo original requer talentos diferentes, é uma realização mais cara, mas pode agregar mais valor comercial do que apenas de cliques, conversões e vendas?

E se considerássemos o marketing um modelo de negócios, e não um centro de custo funcional?

No livro Experiences: The 7th Era of Marketing, Carla e eu contamos a história de Kathy Button Bell e do seu papel como diretora de marketing da Emerson. Ela estreou no cargo com um enorme esforço de reposicionamento da marca. Sem dúvida, isso não é tão diferente assim. Mas aí, como observamos no livro, ela passou os dez anos seguintes incutindo a "história" editorial da Emerson como o ponto de partida para todos os outros pontos de contato de marketing e vendas. Aos poucos, ela injetou na empresa uma cultura da narrativa como uma base sobre a qual todas as outras iniciativas surgiriam. Para resumir, em vez de posicionar o marketing como um departamento que *descrevia* o valor dos produtos e serviços da Emerson, ela criou uma estratégia completa que *cria* valor para o público cliente, onde quer que esteja.

Como observamos no livro:

> Button Bell e sua equipe cultivaram uma história da marca que agrada às empresas do mundo inteiro e se infiltra em todos os nichos da marca: da pesquisa e desenvolvimento aos recursos humanos e aos novos modelos de negócio. A história do "Consider It Solved" (considere resolvido) da Emerson se concentra na redução da complexidade e na forma como a empresa resolve os problemas das pessoas. Todas as histórias que a empresa conta e todas as atividades das quais participa se baseiam na história do "Consider It Solved".

E se pegássemos isso e déssemos um passo adiante? E se, além de matar o marketing que conhecemos hoje — o departamento que maximiza o alcance e a frequência da mensagem e simplesmente descreve o valor dos produtos e serviços —, transformássemos parte do marketing em centro de receita? E se conseguíssemos criar uma função de marketing que gerasse tanto valor para o público e os consumidores que realmente começasse a se pagar? E se realmente ela se pagasse a tal ponto que começasse a ganhar mais do que gasta?

E se os profissionais de marketing gerassem lucro com o marketing?

Uma das histórias que você mais ouvirá nas páginas seguintes é de Victor Gao. A Arrow Electronics, empresa para a qual trabalha, é a número 119 das 500 maiores da revista *Fortune*, tem receita anual de mais de 24 bilhões de dólares e é líder do setor há mais de 80 anos.

Nos últimos dois anos, a Arrow Electronics viu as revistas da área eletrônica nas quais anuncia de forma expressiva sofrerem dificuldades. Para os engenheiros eletrônicos clientes da empresa, essas publicações, além de mantê-los atualizados sobre o que acontecia no setor, serviam para fazer a garotada se apaixonar e se inspirar para ser engenheiro eletrônico. Em termos bem literais, essas publicações são a tábua de salvação que aumenta o conhecimento e o tamanho da base de clientes da Arrow Electronics.

Assim, a preocupação com sua saúde era bem real. Como disse Victor quando o entrevistamos, "muitas dessas publicações de nicho são dominadas por conglomerados de mídia muito maiores". E publicar sobre eletrônica pode não ser a maior prioridade deles.

A Arrow aproveitou a oportunidade. A empresa percebeu uma enorme necessidade de atender aos engenheiros. Embora os grandes conglomerados de mídia não pudessem se dar ao luxo de digitalizar revistas impressas de pequena circulação, a Arrow podia. Embora o sucesso de publicações voltadas para nichos não fosse do interesse das grandes empresas de mídia, isso estava diretamente ligado ao sucesso da Arrow.

Nos dois últimos anos, a Arrow Electronics se firmou como a maior empresa de mídia no setor de eletrônica. Em fevereiro de 2015, a Arrow adquiriu 16 sites de engenharia, boletins eletrônicos, ferramentas de acesso a inventários e bancos de dados da United Technical Publications, da Hearst. Um ano depois, a empresa adquiriu todo o portfólio de mídia eletrônica da UBM, inclusive as marcas EE Times, EDN, SEM, Embedded, EBN, TechOnline e DataSheets.com, por 23,5 milhões de dólares.

O novo portfólio de conteúdo e marketing da Arrow Electronics vende publicidade para os parceiros e concorrentes, realiza eventos e desenvolve conteúdo educacional para profissionais de eletrônica. (Joe entrará em mais detalhes sobre o modelo de receita da Arrow no Capítulo 3.) E 100% da iniciativa é desenvolver valor para o consumidor. Como Gao nos disse, "Posso lhes afirmar que somos muito lucrativos. Mas reinvestimos esse dinheiro na cobertura editorial e na experiência do produto".

Aqui, a Arrow demonstra que não tem pressa. Ao transformar uma parte de seu marketing numa estratégia basicamente editorial, ela faz mais do que apenas se concentrar na descrição do valor de seus produtos. Gao explicou ainda melhor em nossa entrevista:

> Pensamos nos jovens mais brilhantes e talentosos. Se pensarmos em quem compete conosco lá, não são os nossos concorrentes. Competimos com consultorias de gestão ou de moda ou com outras opções de carreira que esses jovens podem ter. Portanto, quanto mais jovens brilhantes conseguirmos atrair para o setor de eletrônica, em algum momento eles se tornarão clientes da nossa indústria. E estamos extremamente confiantes na nossa capacidade de conquistar a nossa fatia do mercado — contanto que ele continue a crescer. Assim, o trabalho do nosso marketing é garantir que o mercado latente continue a crescer. E podemos ganhar dinheiro fazendo exatamente isso.

A Arrow Electronics e Victor Gao fazem parte do grupo inicial de inovadores que estão redefinindo completamente como o marketing funciona. Como já disse, não se trata de mudar o que Peter Drucker afirmava que era o principal objetivo da empresa: "criar e manter o cliente". É bem irônico que isso seja mais fiel exatamente ao que Drucker estava pensando quando disse que "marketing e inovação produzem resultados" do que a boa parte do que fazemos como profissionais de marketing hoje.

Com toda a franqueza, enterrar o marketing que conhecemos e substituí-lo por algo inteiramente novo talvez seja a única maneira de salvar a atividade que tanto amamos.

Se estiver pronto, vamos trabalharão trabalho.

Ideias lucrativas

- O objetivo do marketing não mudou. Ainda é, como disse Peter Drucker, "criar e manter o cliente". No entanto, vamos atentar para esta palavra de Drucker: "criar". Criar um cliente é mais do que simplesmente convencer algum interessado a comprar algo. É criar literalmente o cliente, a partir do zero. Profissionais de marketing fazem mercados, e hoje temos a oportunidade de, como o nosso primeiro passo, criar um público interessado. Depois, o trabalho é manter as pessoas desse público interessadas na nossa abordagem até e depois que realmente comprem algo de nós.
- A mídia própria cresceu e foi além de uma simples tática de marketing, ou até mesmo de uma estratégia de marketing. Hoje, é uma atividade estratégica comercial realizada por profissionais de marketing. Para torná-la lucrativa, temos de reestruturar as prioridades do marketing para isso.
- No futuro, as empresas de sucesso utilizarão seus relacionamentos com o público para traçar diversas linhas de valor e lidarão com estratégias editoriais que alimentam atividades mais tradicionais de propaganda e marketing.

Recursos lucrativos

- Wikipedia, s.v. "Paul Virilio", acessado em 1º de maio de 2017, https://en.wikipedia.org/wiki/Paul_Virilio#cite_note-shipwreck-4.
- Pulizzi e Rose, *Managing Content Marketing* (2011).

Recursos lucrativos *(continuação)*

- Adam Levy, "HBO Now's Subscriber Growth Is Accelerating", Fool.com, 13 de fevereiro de 2017, https:// www.fool.com/investing/2017/02/13/hbo-now-subscriber-growth-is-accelerating.aspx.
- Trefis Team, "Netflix Subscriber Growth Continues Unabated as Margins Improve", Forbes.com, 19 de janeiro de 2017, http://www.forbes.com/sites/greatspeculations/2017/01/19/netflix-subscriber-growth-continues-unabated-as-margins-improve/#40e797103437.
- Todd Spangler, "Netflix Targets 50% of Content to Be Original Programming, CFO Says", Variety.com, 20 de setembro de 2016, http://variety.com/2016/digital/news/netflix-50-percent-content-original-programming-cfo-1201865902/.
- Joseph Lichterman, "After Trump's Election News Organizations See a Bump in Subscriptions and Donations", NiemanLab.org, 14 de novembro de 2016, http://www.niemanlab.org/2016/11/after-trumps-election-news-organizations-see-a-bump-in-subscriptions-and-donations/.
- Adam Levy, "Amazon's Biggest Advantage Is in Original Content", Fool.com, 19 de março de 2016, https://www.fool.com/investing/general/2016/03/19/amazons-biggest-advantage-in-original-content.aspx.
- Philip H. Dougherty, "Advertising Print Production Costs Up by Less Than 2%", *New York Times*, 2 de fevereiro de 1983, http://www.nytimes.com/1983/02/02/business/advertising-print-production-costs-up-by-less-than-2.html.

Recursos lucrativos *(continuação)*

- Dana Severson, "The Average Cost of National Advertising Campaigns", AZCentral.com, acessado em 1º de maio de 2017, http://yourbusiness.azcentral.com/average-cost-national-advertising-campaigns-26091.html.
- Jason Lynch, "U.S. Adults Consume an Entire Hour More of Media per Day Than They Did Just Last Year", AdWeek.com, 27 de junho de 2016, http://www.adweek.com/tv-video/us-adults-consume-entire-hour-more-media-day-they-did-just-last-year-172218/.
- "Facebook Has 50 Minutes of Your Time Each Day. It Wants More", *New York Times*, 1º de maio de 2017, https:// www.nytimes.com/2016/05/06/business/facebook-bends-the-rules-of-audience-engagement-to-its-advantage.html.
- Joe Lazauskas, "'We Believe in Stories': GE Reports' Tomas Kellner Reveals How He Built the World's Best Brand Mag", Contently.com, 11 de fevereiro de 2015, https://contently.com/strategist/2015/02/11/we-believe-in-stories-ge-reports-tomas-kellner-reveals-how-he-built-the-worlds-best-brand-mag/.
- Liz Bedor, "Why Amex OPEN Forum Is Still the Gold Standard for Content Marketing", Lizbedor.com, acessado em 1º de maio de 2017, https://lizbedor.com/2015/08/11/american-express-open-forum-content-marketing/.
- Pulizzi e Barrett, *Get Content, Get Customers* (2009).
- Victor Gao, entrevista a Claire McDermott, janeiro de 2017.

CAPÍTULO 2

Retorno sobre o Público

ROBERT ROSE

Foi aí que desisti da análise de decisão. Ninguém jamais tomou uma decisão por causa de um número. É preciso uma história.

Daniel Kahneman

Você pode odiar a gravidade, mas ela nem liga.

Clayton Christensen

Realmente, se vamos matar o marketing, deveríamos saber o que estamos matando e o que usaremos para substituí-lo.

Portanto, comecemos pelo que estamos matando. O que é o marketing?

Você pode ficar surpreso ao saber que a palavra *marketing* é bem moderna. No entanto, certamente há bastante debate sobre desde quando a palavra em si está em uso. Alguns estudiosos remontam aos holandeses do século XVII.

Mas deixe-me apresentar Maria Parloa — ou Srta. Parloa, como ela era normalmente chamada (Figura 2.1). Maria Parloa foi indiscutivelmente a primeira *chef* tratada como celebridade nos Estados Unidos. Nascida em Massachusetts em 1843, Maria ficou órfã muito cedo. Mas, em algum momento da infância, aprendeu a cozinhar. Como escreveu no seu primeiro livro, *The Appledore Cook Book*, "*Depois de anos de experiência como cozinheira em hotéis e casas de família, eu sei quais as necessidades do povo e me sinto competente para satisfazê-las*".

Figura 2.1	Maria Parloa, primeira *chef* famosa dos Estados Unidos

Em outubro de 1877, Maria inaugurou a primeira de suas várias escolas de culinária em Boston e, em dez anos, tornou-se uma das mais famosas instrutoras de culinária da época. É quase certo que tenha sido uma das primeiras pessoas a ganhar dinheiro simplesmente endossando produtos alimentícios.

No entanto, não é pela fama na culinária que contamos esta história; é por causa de seu quarto livro, *Miss Parloa's New Cook Book: A Guide to Marketing and Cooking*, publicado em 1881. É no título desse livro que a palavra *marketing* aparece pela primeira vez (ou certamente uma das primeiras vezes) na história dos EUA.

Agora, é claro que o marketing segundo Parloa dificilmente corresponderia à nossa definição atual. Para a Srta. Parloa, *marketing* era um verbo que definia a atividade de ir ao mercado e se orientar dentro dele de forma estratégica. Como ela escreveu na introdução do livro:

> Muitos acham que o mercado não é um lugar agradável ou apropriado para as mulheres. É uma ideia equivocada. Na minha experiência, há tantos cavalheiros entre os feirantes quanto os envolvidos em qualquer outro tipo de negócio. É preciso frequentar um lugar para fazer compras, pois isso poupa tempo e evita decepções. Se não for especialista em carnes, é aconselhável, ao comprar, explicar isso ao vendedor e confiar que ele fará a coisa certa. Se tiver o hábito de ir pessoalmente ao mercado, a governanta será capaz de servir à mesa uma variedade melhor do que se encomendasse ou comprasse à porta.

E, embora certamente esse não fosse o mesmo *marketing* que imaginamos hoje, a defesa entusiasmada da Srta. Parloa dos comerciantes como pessoas de confiança, já prenunciava em parte essa mesma confiança dada hoje à prática.

O "PROBLEMA" DO MARKETING

Aí pela virada do século, quando a Srta. Parloa desfrutava da máxima celebridade, "marketing" era uma prática quase desconhecida entre os que buscavam vender os seus produtos. Mas quem fazia negócios com os geralmente chamados de "intermediários" os descreviam como o "problema" do marketing. O problema de maior expressão era a ausência de conexão entre os agricultores que queriam otimizar o local onde vender a safra e os intermediários que prometiam ajudar a fazer exatamente isso. Como dito no livro *Marketing: A Critical Textbook*, em 2011:

> Embora tais críticas à eficiência do sistema de marketing continuem, teoricamente esse tópico levantou uma questão importante sobre o marketing: havia elementos nos canais de distribuição, por exemplo, que não agregassem alguma forma de utilidade?

Em outras palavras, os empresários perguntavam qual o valor tangível de inserir um intermediário entre a produção de um produto ou serviço e sua promessa de levar esse produto mais rapidamente às mãos de um dado consumidor.

Dessa forma, podemos ver que, 130 anos depois da Srta. Parloa publicar seu livro, os presidentes executivos ainda tentam descobrir o que, afinal, os profissionais de marketing fazem que agregue algum valor. É bom ver o quanto avançamos. Só que não.

COMO MEDIR O INVESTIMENTO EM MARKETING

Realmente, o desafio de medir o valor do marketing não é mesmo novidade. Não é como se, de certa forma, tivéssemos perdido alguma capacidade que tínhamos nas décadas de 1910, 1930 ou 1960. Os profissionais de marketing vêm discutindo a dificuldade de medir o desempenho desde que o marketing surgiu. John Wannamaker disse uma frase memorável no final do século XIX: "Sei que metade do meu investimento em publicidade é jogado fora; o problema é que não sei qual metade".

Vejamos a última linha de um artigo de 1964 intitulado "The Concept of the Marketing Mix" (o conceito do *mix* de marketing), de Neil Borden, na época professor emérito de marketing e publicidade da Harvard Business School. Ele discutia a busca tão desejada, mais ainda frustrada, da "ciência do marketing" e concluiu:

> Aguardamos a formulação gradual de leis do marketing que sejam úteis e claramente definidas. Até lá, e mesmo depois, o marketing e a construção de *mixes* de marketing ficarão em grande parte na esfera da arte.

Joe e eu apreciamos muito a parte do "mesmo depois" dessa última frase. Suspeitamos que o professor Borden sabia que procurar "leis" seria uma tarefa frustrante.

Vamos dar um salto de 24 anos e analisar um comentário do livro *Marketing Performance Assessment* (Avaliação de desempenho do marketing), de 1988. No capítulo de abertura, "The Philosopher's Stone" (A pedra filosofal), o autor diz:

> A avaliação do desempenho do marketing, frequentemente chamada de análise de produtividade do marketing, continua um conceito sedutor, ainda que ilusório, para acadêmicos e profissionais da área. É ilusório porque, desde que praticam seu ofício, os profissionais de marketing buscam, sem sucesso, sinais evidentes, presentes e confiáveis de desempenho por meio dos quais o mérito do marketing possa ser julgado.

Em resumo, ao longo dos últimos cem anos, sentimos uma necessidade irresistível de mover os pratos da balança da arte para a ciência; temos leis de negócios que, se fossem obedecidas, garantiriam o sucesso. Queremos muito o algoritmo. E a verdade é que nunca chegamos nele.

Em graus variados ao longo do último século, esse impulso em direção às "leis" e à "ciência" do marketing foi reduzido a três letrinhas: ROI. Desde a época da série Mad Men, exploramos maneiras de descobrir a fórmula correta para extrair retorno financeiro do investimento em marketing. Chamado simplesmente de ROI (retorno sobre investimento), ROMI (retorno sobre o investimento em marketing) ou mesmo ROC (retorno sobre o cliente — obrigado, Dra. Martha Rogers e Don Peppers), o objetivo tem sido o mesmo: maximizar o retorno rentável sobre o investimento na iniciativa de marketing.

Mas há um problema.

Sempre fomos péssimos em fazer isso.

O NOVO PROBLEMA DO MARKETING DE 2017

Eis uma história verdadeira. Ano passado, Joe e eu trabalhamos numa empresa de manufatura do tipo *business to business*. Ela vende produtos em versões industriais de grande volume (paletes em caminhões) para grandes empresas, e também a empresas menores e até pessoas físicas, com métodos de recebimento, embalagem e envio por comércio eletrônico.

O ano de 2015 foi incrível para essa empresa. As vendas aumentaram 650 por cento. Acontece que foi o primeiro ano em que os donos contrataram um diretor de marketing e investiram na prática. Assim, no fim daquele ano, eles decidiram fazer uma revisão — uma análise completa de cada uma de suas campanhas de marketing — e ver qual combinação de esforços contribuíra melhor para esse crescimento. A descoberta deles foi uma surpresa.

Quando olharam para trás e analisaram todas as campanhas de marketing realizadas nos últimos 12 meses, sem sombra de dúvida cada uma delas, sozinha, seria considerada um fracasso. Cada uma deu retorno pífio ou nenhum retorno.

Eles analisaram a publicidade de busca PPC (*pay per click*). No geral, tinha sido um custo. O custo das palavras-chave e do redirecionamento não pôde ser realmente atribuído a um número de clientes ou receita que tivesse gerado resultado lucrativo. O marketing de eventos era caríssimo e, embora pudesse ser creditado a alguns clientes que compravam produtos, era praticamente um esforço nivelado. E, quando adicionaram os custos de viagem e tempo de seus funcionários, o marketing de eventos em si ficou no vermelho.

O rastreamento da publicidade dessa empresa era absurdamente difícil. Mas o pessoal de marketing tentou atribuir à publicidade um aumento do tráfego e acompanhou as vendas dessas fontes de tráfego pela Internet. Foi um fracasso desanimador. Muito poucos que acessaram o site de comércio eletrônico por meio de *banners* acabaram comprando enquanto estavam lá. A empresa analisou a geração de *leads* e os clientes mais corporativos. Mas descobriram que não havia uma campanha que gerasse uma preponderância de *leads*. O custo era mais ou menos o mesmo.

Repetidas vezes, todas as campanhas de marketing, sozinhas, empataram, na melhor das hipóteses. Na pior, deram prejuízo.

Mas a verdade pura e simples era que a empresa tinha crescido 650 por cento. Como explicar?

Assim, o diretor financeiro da empresa tentou uma nova abordagem. Pediu que cada departamento — marketing, vendas internas, RP e equipe de comércio eletrônico — analisasse todos os dados disponíveis e fornecesse uma análise de como contribuíra para o crescimento de 650%. E assim foi feito.

O resultado desse exercício foi ainda mais desconcertante. Depois que cada departamento descreveu suas iniciativas bem-sucedidas, o diretor financeiro os tabulou em conjunto e realmente encontrou alegações que totalizavam o crescimento de 650%. Na verdade, ele descobriu que, se acreditasse em todos os departamentos individualmente, a empresa na verdade deveria ter crescido 1.850%. Isso mesmo: todos acreditavam que apenas seus esforços tinham contribuído para o crescimento total.

Como ele nos disse numa entrevista, "Quando analisamos as campanhas individualmente, todas fracassaram. Mas, quando cada departamento analisou suas iniciativas, deveríamos ter crescido quase 2.000%." Perguntamos: "Então, o que você acha que aconteceu?" O diretor financeiro respondeu, "Bem, acho que o *marketing* que aconteceu. Agora, analisamos o investimento em marketing como um todo, não as campanhas separadas".

Em termos gerais, essa história mostra porque o ROI é o tipo errado de métrica a utilizar para saber se o marketing vale a pena. **A verdade simples é a seguinte: O marketing que conhecemos não é um investimento. Atualmente, ele é um custo que, às vezes, no total, traz benefícios com o dinheiro gasto.**

Pergunte a si mesmo: está tentando entender se a iniciativa *funcionou* ou se *funcionará*? No primeiro caso, você deve obter medições que quantifiquem se atingiu o objetivo. Mas sejamos claros; metas como receita adicional de vendas, custo por *lead* gerado, custo por venda gerada e custo de clientes novos *não* são retornos de um investimento nem realmente metas. São métricas de contabilidade *rumo* a uma meta específica de negócios, como o aumento da receita ou a redução de custos.

Pensar nessas coisas como retorno sobre o investimento é um pouco como pensar que seu "investimento" em gasolina produz retorno sobre o seu trabalho. Tal como muitas táticas de marketing, a gasolina, em última análise, é um custo, não um investimento; seu preço flutuante e, literalmente, o uso baseado no modo como você dirige naquela semana não têm influência nenhuma sobre seu aumento de desempenho no trabalho no curto prazo. Intrinsecamente, ela só pode gerar benefícios no curto prazo por fazer você chegar ao trabalho mais depressa do que andando.

Cada campanha de marketing é um novo tanque de gasolina, um projeto executado em curto período que avaliamos como retorno único dessa iniciativa. Faça uma pilha suficientemente grande e poderá criar uma estratégia inteligente — e, em tese, um retorno de seu investimento geral na prática do marketing. Como disse o diretor financeiro, investimos em "marketing", não em campanhas separadas.

O marketing voltado a campanhas é um custo reconhecido da melhoria do desempenho das empresas no curto prazo. Poderíamos falar muito mais sobre essa questão mas, por enquanto, vamos para a segunda pergunta que precisamos fazer: *Vai dar certo?*

Essa pergunta é mais comum nos que têm como objetivo redefinir o marketing, porque, em geral, qualquer coisa nova ou inovadora que queremos fazer nunca foi feito. Hoje em dia, quando se fala em ROI, geralmente é porque foi pedido aos profissionais de marketing que defendessem o sucesso de algo que nunca foi feito.

Ironicamente, isso nos leva de volta ao primeiro problema. Nossa única referência para argumentar é o desempenho anterior (como Joe destacou na Introdução). Esta é uma sinuca de bico. Para resumir, pedem-lhe que "*me diga o que já sabe*" para provar "*seu nível de certeza sobre essa coisa nova que deseja fazer*". **Em resumo: diga-me até que ponto confia no futuro do seu trabalho, analisando o histórico de preço dos combustíveis do seu carro.**

Sim, é um chute.

Mas eis um problema ainda maior do ROI no marketing: ele nos incentiva a ter um desempenho inferior.

Joe e eu trabalhamos com algumas empresas nas quais o ROI percentual é a métrica principal para determinar se aquele profissional de marketing é bem-sucedido ou não. Em outras palavras, esses gerentes não veem o sucesso da empresa; eles analisam em que porcentagem obtém um retorno mais alto com base no orçamento fornecido. Uma dessas empresas diminuiu lentamente seu orçamento de marketing a menos de 1,5% da receita. Está com dificuldades no mercado, sofrendo com crescimento lento, mas com elevado ROI sobre o investimento em marketing. O que aconteceu?

Se a prioridade do marketing é maximizar o ROI, você tem todo o incentivo do mundo para nunca fazer nada de novo. Veja da seguinte maneira: vamos supor que a sua prioridade seja maximizar a porcentagem de ROI do marketing. Se eu gastar 200 dólares em marketing para obter 250 de receita, então, tecnicamente, meu ROI é de 25%. Mas, se eu gastar 0 e obtiver 100, meu ROI será 100% (ou realmente infinito). A fim de maximizar a porcentagem de ROI do marketing, realmente é mais inteligente não gastar dinheiro nenhum e esperar uma venda do que gastar algum dinheiro e esperar muitas vendas.

Esse é um exemplo extremo, mas permanece verdadeiro com o passar do tempo. Conforme aumenta sua penetração no mercado, o ritmo com que você conquista novos clientes naturalmente se desacelera. É assim que tem de ser. No entanto, como agora você está gastando uma parcela do seu orçamento de marketing em vendas de retorno, o ROI percentual do seu marketing acabará diminuindo. É por isso que, na melhor das hipóteses, aplicar o ROI a um processo que, em última análise, é um custo e não um ativo de longo prazo cada vez mais valioso pode ser traiçoeiro.

Agora, queremos deixar claro: não estamos dizendo que é completamente impossível medir o marketing. Sem dúvida, há ótimos exemplos de empresas que começaram a solucionar o desafio da atribuição. E este não é necessariamente um livro sobre como medir o marketing. No entanto, uma das maiores razões pelas quais vemos empresas se recusando a entrar em novos modelos é por causa do "desafio da mensurabilidade". Portanto...

E SE HOUVESSE UM MODO MAIS FÁCIL?

Temos de nos perguntar se o marketing que fazemos hoje suportará as realidades do futuro. O avanço inevitável da tecnologia promete um mundo em que pequenas tarefas, como decidir qual lâmina de barbear comprar, qual colchão escolher ou quais são os melhores temperos e molhos para salada, serão cumpridas por assinatura. Hoje, com tecnologias como o Dash Button da Amazon, podemos literalmente apertar um grande botão vermelho conectado à Internet para reordenar automaticamente as tarefas básicas da casa. Então, por que pensar em outra marca?

Conforme evoluímos para um mundo movido por algoritmos, *chatbots* e automação, a necessidade de diferenciar se torna uma experiência holística em vez de recursos diferentes ou atributos de marcas. Como nos diz o grande Don Schultz, professor emérito da Northwestern University, tudo o que fazemos como empresa pode ser copiado, menos a forma como nos comunicamos.

De fato, uma pesquisa recém-publicada pelo grupo de consultoria McKinsey descobriu que pertencer ao conjunto inicial de escolha de marcas pode ser o principal componente para a participação crescente no mercado. Como diz a pesquisa:

> Investir parte demasiada da verba do marketing em fidelidade é arriscado quando o ambiente atual de compras nos mostra que é fácil perder consumidores mais depressa do que se adicionam novos. Em vez disso, as empresas que esperam mudar o indicador de crescimento precisam se concentrar mais em programas inovadores para os 87% dos consumidores que, provavelmente, procuram algo além de sua marca atual.

Hoje em dia, além da oportunidade de procurar um método melhor de medir nossos esforços na geração de valor comercial por meio do marketing, podemos redefinir completamente a prática como um todo. O segredo é olhar o investimento que fazemos como algo que não se concentra no retorno imediato em cliques, visitas, caminhos, tempo no site ou até mesmo compras, mas sim no acúmulo de atenção e acesso a um público que podemos monetizar ao longo do tempo.

Essa não é só uma transformação na tática de marketing; é uma transformação nos negócios. É ver o marketing como um modelo de negócio, um investimento lucrativo que visa a oferecer acesso, acúmulo de atenção e fidelidade de um investimento verdadeiro: o público.

Podemos perguntar o seguinte:

- Quanto a Red Bull é mais valiosa como empresa por ter uma estratégia de marketing que gera receita e posiciona a marca como uma empresa capaz de vender qualquer tipo de produto que o público quiser? Como acumulou um público fiel, a Red Bull não se limita mais a vender bebidas energéticas. Seu negócio é criar público e, depois, vender aos indivíduos desse público produtos que atendam à sua necessidade.

- Quanto a Arrow Electronics é mais valiosa como empresa por ter 51 revistas digitais, websites e um público fiel a esse conteúdo? Ela subsidia o crescimento de seu mercado total disponível e educa todo um setor. A Arrow Electronics usa uma nova abordagem de marketing como apólice de seguro. Está garantindo que a comunidade de engenheiros eletrônicos instruídos e engajados continuará a crescer e, em última análise, achará que as ofertas da Arrow são as melhores para suas necessidades.

- Quanto a Lego é mais valiosa como empresa de mídia e não como fábrica? O investimento no público, com filmes, televisão, revistas e plataformas digitais, a deixou mais centrada em conteúdo do que em brinquedos. Como

> disse Conny Klacher, vice-presidente de marketing e experiências do consumidor da Lego: "Éramos uma fábrica de brinquedos. Agora estamos nos transformando cada vez mais numa empresa de mídia para contar nossa história desses tijolinhos".

No momento, a resposta desse aumento de valor é fugidia; mas observamos que a Red Bull, como empresa privada, tem um valor de marca estimado da ordem de 7,9 bilhões de dólares. A Lego, também uma empresa privada, disse que 2015 foi seu melhor ano de todos os tempos, com um crescimento de mais de 25%. E, nos últimos cinco anos, o preço das ações da Arrow Electronics subiu 43%.

Sem dúvida, existe aí um desafio do tipo "causa ou correlação". Mas essas empresas têm uma coisa em comum: o investimento significativo num processo associado ao marketing que agrega valor com a operação como empresa de mídia e a criação de relacionamento direto com o público disponível.

RETORNO SOBRE O PÚBLICO

Na verdade, só existem apenas duas métricas principais a que damos importância como empresas: o aumento da receita e a redução dos custos (Figura 2.2). Podemos decompor ainda mais essas duas categorias amplas no que chamamos de Quatro C das Metas de Valor do Investimento em público: Competência, Campanha, Cliente e Caixa. E cada um dos Quatro C pode se dividir nas subcategorias Conquistar, Crescer, Manter e Direcionar, com tipos diferentes de objetivo adequados a tipos diferentes de empresa.

Abordaremos cada um dos Quatro C individualmente nas próximas seções deste capítulo.

Figura 2.2 | Receita *versus* redução de custos

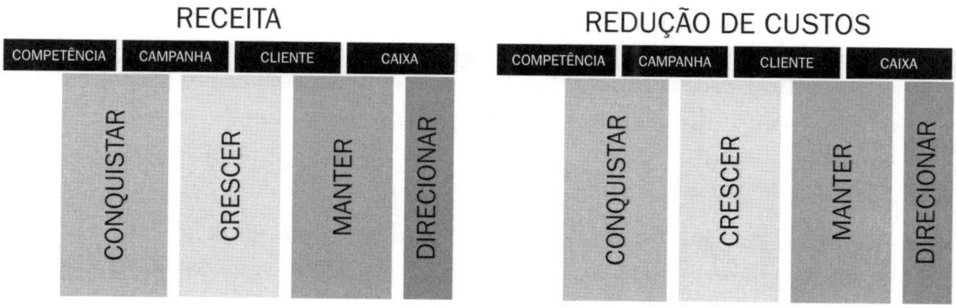

Competência: tornar a empresa mais inteligente

Uma das coisas fundamentais para entender o investimento num público é que este é formado de pessoas que *querem saber* da marca — constantemente. Investir nos dados do público não é simplesmente agregar dados de compras passadas ou pesquisar o que os "compradores" fazem em nossas propriedades digitais. Esses dados nos são informados de boa vontade, e não coletados. Essas pessoas compartilham voluntariamente conosco seus dados pessoais, interagem com nossas ferramentas e nos dão permissão para conversar com eles porque lhes fornecemos valor com a experiência voltada ao conteúdo.

Essa troca de valores significa que os dados coletados nesse público poderão ser muito valiosos para outros setores da empresa.

Um exemplo disso é a Schneider Electric, multinacional especializada em soluções de automação e gestão energética. Com receita de mais de 25 bilhões de dólares, ela pratica uma infinidade de iniciativas de marketing e vendas no mundo inteiro. Susan Hartman é gerente de programa global da Energy University, o recurso gratuito de aprendizado eletrônico da Schneider Electric. A plataforma oferece cursos em doze idiomas e foi endossada por mais de uma dúzia de entidades profissionais e comerciais como crédito de educação continuada. Nos últimos anos, mais de 180.000 alunos passaram pela universidade. Quando se sentou conosco para conversar sobre o sucesso da empresa, Susan mencionou a ideia de utilizar os dados para entender o público da Schneider:

> Acabamos entendendo melhor nosso público por causa dos dados que coletamos. Ao se inscrever na Energy University, você insere uma certa quantidade de dados sobre si mesmo. É aí que ela se difere de uma simples plataforma de marketing normal, porque é um sistema de aprendizado e, assim, os dados são mais completos. Em seguida, observamos a tendência dos cursos que o aluno faz, em que está interessado e como nos responde sobre o que mais quer. Utilizamos esses dados para nos ajudar a entender melhor quem esse aluno é e quais produtos talvez queira comprar, no fim das contas.

Há outros exemplos também. Vejamos a Johnson & Johnson e o BabyCenter.com, a sua propriedade online. A multinacional farmacêutica adquiriu o BabyCenter.com em março de 2001 e, desde então, opera a plataforma como uma divisão separada. O site vende publicidade e patrocínios e, de acordo com a empresa de pesquisa Quantcast, alcança mais de 23 milhões de pessoas todos os meses.

Agora, por que a J&J operaria um site totalmente independente que não tem nada a ver com o negócio principal de venda de produtos? Para a empresa, parece que tudo tem a ver com os dados. De acordo com uma entrevista de Christina Hoff, gerente de ideias estratégicas globais da Johnson & Johnson, o valor está em "combinar um painel de pesquisa de 50.000 consumidores com as ideias obtidas a partir dos sentimentos compartilhados pelas mães do mundo inteiro no BabyCenter.com".

Como ela explicou à Adweek em 2014: "Podemos dizer o que uma mãe fará antes que ela faça, com base no que está procurando". A empresa sabe, por exemplo, que as mães planejam o primeiro aniversário do bebê quando a criança tem 10 meses. Ou, quando os gerentes de marca de produtos da J&J como Tylenol ou Motrin quiserem saber se o título do anúncio deve ser "dormir à noite", "dormir hoje à noite" ou "dormir a noite toda", a empresa poderá dizer qual deles terá mais ressonância com as mães, com base nas postagens do BabyCenter.

Seja adicionando novas plataformas de geração de receita, como o BabyCenter.com da J&J, seja uma plataforma de marketing para reduzir custos, como a Energy University da Schneider, o valor é claro. Se conseguirmos coletar dados mais valiosos sobre o nosso público, poderemos nos tornar empresas mais competentes e embasar decisões de negócios muito melhores em todo o espectro de vendas e marketing.

Valor da campanha: dar sustentação a iniciativas transacionais e promocionais

Conforme já explicamos neste capítulo, o principal gerador de valor das últimas três décadas foi a otimização do "mix de marketing" — o nosso esforço para alcançar o público por meio de plataformas alugadas que possam conduzir a uma ação favorável. Em termos mais simples, gastamos dinheiro em campanhas que tentam otimizar a atenção que podemos atrair para a nossa mensagem. Então, nos medimos pela razão entre esse custo e quantas dessas pessoas realmente fazem o que queremos que façam. Um dos benefícios iniciais do modelo de marketing de mídia e da agregação do público é a criação de uma oportunidade para tornar essas campanhas mais eficazes.

A maioria dos livros e estudos de caso de marketing de conteúdo se concentrou nisso. No livro de Joe *Marketing de Conteúdo Épico*, ele fala da Indium, empresa que refina, produz, fornece e fabrica produtos químicos para os mercados globais de eletrônica, como os de semicondutores, energia solar, películas finas e gestão térmica. Caso ainda não tenha entendido, a Indium é uma típica empresa de nicho conservadora que hoje se encontra no mundo. Mas, como Joe descreveu no livro:

> Dezessete engenheiros da fornecedora de materiais Indium descobriram o valor do conteúdo com seu blog From One

Engineer to Another (de um engenheiro a outro). Por meio dele, produzem conteúdo valioso, vídeos e respondem a perguntas sobre diversos tópicos da área de engenharia (por exemplo, como configurar e operar o banho de chapeamento de sulfamato da Indium). Mesmo que não saiba o que isso significa, você reconhecerá o que eles estão tentando: dar vida a ideias por meio de conversas interativas. Segundo o diretor de marketing da Indium, eles tiveram um salto de 600% nos *leads* desde o lançamento.

Andrew Davis, mentor e palestrante internacional sobre marketing, chama o público de "banco de dados pré-cliente". Usamos essa expressão, pois ela lança luz sobre uma verdade fundamental. O público para o qual está oferece valor hoje talvez não esteja no mercado de seu produto ou serviço. Mas esse público ficará mais do que feliz em informar quando estiver disponível para o seu produto ou serviço, e você será o mais lembrado quando isso acontecer. E não é exatamente esse o objetivo do nosso foco contínuo em alcance e frequência na estratégia atual voltada a campanhas? Queremos ser os primeiros na cabeça quando o cliente estiver pronto para comprar, e, portanto, tentamos bombardear a mídia continuamente com nossa mensagem para assegurar que atingimos aquele consumidor, caso esteja na hora certa. Literalmente, somos aquele garoto no banco de trás do carro perguntando "já chegamos, já chegamos, já chegamos?" Em vez disso, se usarmos o público agregado como nosso "banco de dados pré-cliente", poderemos prender a atenção das pessoas com mais eficiência ao longo do tempo, para que elas forneçam as outras linhas de valor até estarem prontas para comprar.

E isso nos leva ao terceiro valor central dessa nova abordagem de marketing.

Valor do cliente: criar um cliente mais valioso

Nos primeiros dias da publicação personalizada — um dos nomes originais do marketing de conteúdo —, o conteúdo criado pelas marcas concentrava-se quase exclusivamente na fidelidade. Criaram-se "revistas internas, ou revistas para funcionários, para que os que trabalhavam na empresa tivessem a sensação de fazer parte dela, e criaram-se revistas de fidelização de clientes para que estes se sentissem melhor com suas compras. Hoje, esse tipo de experiência é uma das primeiras a realmente aproveitar esse novo sentido de "marketing com lucro".

Eventos para clientes, aplicativos voltados ao conteúdo e até revistas impressas estão sendo utilizadas, não só para os clientes se sentirem melhor com suas compras, mas para agregar valor separado e distinto às suas compras da marca.

Vejamos a empresa de investimentos TD Ameritrade, concentrada em clientes interessados em negociar ações. Depois da aquisição, a empresa dá ao cliente acesso à comunidade thinkorswim.com e o inscreve especificamente na revista thinkMoney, com versões impressa e digital. O objetivo dessa experiência ligada ao conteúdo é envolver constantemente os investidores (depois que se tornam clientes) e capacitá-los com as ferramentas, dicas, pesquisas e recursos corretos para atuarem no mercado com mais eficiência. Eles descobriram que os assinantes da revista operam cinco vezes mais do que os não assinantes. Isso é algo que nunca será obtido com um anúncio pago. É uma experiência valiosa, separada do produto, que gera um cliente mais frequente e engajado.

Depois que se tornam clientes, *leads* e *prospects* são os primeiros a formar um público com o qual a empresa pode se engajar e criar uma noção maior de fidelidade à marca.

Vejamos a Nike. A empresa começou a desenvolver aplicativos de marca para dispositivos móveis em 2006. Hoje, a empresa tem vários aplicativos para celulares, que visam ajudar corredores e atletas a acompanhar a sua evolução. Como relatou recentemente a revista *Ad Age*:

> Juntos, esses aplicativos ostentam uma base de mais de 28 milhões de usuários. São 28 milhões de pessoas às quais a

> marca tem acesso direto. Com essa maior intimidade com o cliente, a Nike obtém ideias e informações valiosas sobre a sua base de usuários. Com acesso a todas essas informações, a Nike poderia usá-las para impulsionar agressivamente as vendas a partir do aplicativo; em vez disso, foi brilhante ao criar uma comunidade real de atletas por meio dele. Com essa comunidade genuína que a empresa construiu do nada, a Nike promove intensa fidelidade à marca, que, no fim das contas, se traduz em receita.

Esse é o poder de um público agregado, que altera consideravelmente a área de marketing.

E isso nos leva à nossa quarta categoria de valor do marketing: Caixa.

Caixa: geração de receita direta a partir do programa de marketing

Esse valor é novo e é exatamente onde o nosso livro se concentra. Sem dúvida, a receita direta é o tipo de valor menos ortodoxo que o público pode fornecer com o marketing como modelo de negócio.

As empresas líderes geram receita direta a partir de seu público. E diversificam seus negócios, gerando uma margem mais alta e/ou mitigando o custo de outras atividades de marketing com essa estratégia. Quando combinadas com a economia atribuída a outros valores, elas obtêm *lucro* com o marketing.

Como mencionamos algumas vezes neste livro, talvez não haja exemplo mais explícito desse modelo do que a Red Bull. Citando a Introdução:

> Hoje, a Red Bull Media House é uma das empresas de mídia mais bem-sucedidas do mundo. O que começou como uma simples revista evoluiu para séries de TV, documentários, eventos de nível internacional, um estúdio de gravação de música, além de merchandising; a Red Bull também licencia seu conteúdo para empresas de mídia tradicionais, como *The New York Times*.

Ou pense na Salesforce.com. Em 2003, mil clientes da Salesforce.com entraram no hotel Westin, em São Francisco, para ver as atualizações mais recentes do provedor de software. Em 2016, o comparecimento foi de 170.000 pessoas e ele é o maior evento de software do planeta. Isso mesmo: o maior evento educacional de software do mundo não é realizado por uma empresa de mídia, e sim por uma empresa de software. Agora, o preço cheio para participar era de 1.799 dólares por pessoa. Suponhamos que 30% dos participantes pagaram esse valor. Seriam mais de 91 milhões de dólares em receita desse evento para clientes. E isso sem levar em conta todos os patrocínios que a Salesforce.com também vende. O patrocínio platina do evento custa mais de 1 milhão de dólares cada. Embora o Salesforce.com não isole a receita desse evento, acho que é seguro supor que a empresa ganha dinheiro com ele.

O NOVO MANTRA DO MARKETING

No início deste livro, Joe discutiu o conceito de Philip Kotler que chamou de "o novo mantra do marketing". Era o CCDVTP (na sigla em inglês):

> Create, Communicate, and Deliver Value to a Target market at a Profit — criar, comunicar e fornecer valor a um mercado-alvo com lucro.

Em nossa opinião, essa é a base perfeita para uma abordagem completamente nova do marketing. O marketing não é mais apenas o departamento ou a equipe que descreve o valor do produto ou serviço que colocamos no mercado. O marketing deve ser estrategicamente conduzido por uma história principal, um valor editorial que disponha a criação de valor diferenciador para os clientes por meio de experiências baseadas em conteúdo. O marketing deve transmitir esse valor não só aos clientes em potencial, mas a toda a organização. A estratégia de mídia *lidera* os benefícios e as características de marketing do produto e dá valor, segundo uma meta, aos Quatro C — Competência, Campanha, Cliente e Caixa. Talvez acima de tudo, ela o faz como uma empresa com fins lucrativos, e não como uma estrutura baseada em custos. Pode não ser a margem mais alta do negócio e, propositadamente, pode ser operada com uma estrutura de custos sem ganhos ou mesmo com um leve prejuízo.

Precisamos matar o marketing que sobrevive acessando o público por períodos breves para que ele compre o nosso produto.

Precisamos fazer renascer um novo marketing que viva de gerar público por longos períodos, para que possamos manter sua atenção com experiências que nos deixem simplesmente no topo da lista inicial de consideração quando as pessoas buscarem soluções.

Esse é o marketing do futuro, que obtém retorno de longo prazo sobre o único ativo que salvará o nosso negócio: o público.

Ideias lucrativas

- Medir a prática do marketing não ficou melhor nem mais fácil desde sua origem. Mais dados não nos permitiram ser mais precisos nas medições. Mas é possível ver a medição como um meio de monitorar o investimento em marketing como modelo de negócio.

- O público pode gerar várias linhas de valor. Ele agrega valor às campanhas, permitindo marketing e publicidade mais inteligentes. Oferece valor de competência, permitindo a obtenção de dados para a empresa se tornar mais inteligente. Fornece valor do cliente e nos ajuda a desenvolver clientes mais fiéis que defenderão nossa marca. E o público gerar valor em caixa, permitindo que transformemos o marketing num empreendimento lucrativo.

Recursos lucrativos

- Wikipedia, s.v. "Maria Parloa", acessado em 1º de maio de 2017, https://en.wikipedia.org/wiki/Maria_Parloa.
- Jack, Fitchett, Higgins, Lim e Ellis, Marketing: *A Critical Textbook* (2011).
- Neil Borden, "The Concept of the Marketing Mix", acessado em Slideshare.net em 1º de maio de 2017, https://www.slideshare.net/wgabriel/neil-borden-heconceptofthemarketingmixblogwgabriel.
- David Court, Dave Elzinga, Bo Finneman e Jesko Perrey, "The New Battleground for Marketing-Led Growth", *McKinsey Quarterly*, fevereiro de 2017, Mckinsey.com, http://www.mckinsey.com/business-functions/marketing-and-sales/our-insights/the-new-battleground-for-marketing-led-growth.
- John Kell, "Lego Says 2015 Was Its 'Best Year Ever,' with Huge Sales Jump", Fortune.com, 1º de março de 2016, http://fortune.com/2016/03/01/lego-sales-toys-2015/.
- Susan Hartman da Schneider Electric, entrevista a Claire McDermott, janeiro de 2017.
- Christopher Heine, "Why Johnson & Johnson Treasures BabyCenter's Data", Adweek.com, 2 de abril de 2014, http://www.adweek.com/digital/why-johnson-johson-treasures-babycenters-data-156720/.
- Joe Pulizzi, *Epic Content Marketing: How to Tell a Different Story, Break Through the Clutter, and Win More Customers by Marketing Less* (McGraw-Hill Education, 2014), p. 300.

Recursos lucrativos *(continuação)*

- Richard Beeson, "Content Marketing Strategy", Agorapulse.com, 27 de maio de 2014, http://www.agorapulse.com/blog/content-marketing-strategy-joe-pulizzi.

CAPÍTULO 3

Media Marketing

JOE PULIZZI

O modelo de negócios das corridas não é bonito.

Jeff Gordon

Meu modelo para os negócios é os Beatles: quatro caras que mantinham sob controle as tendências negativas um do outro; eles se equilibravam entre si. E o total era maior que a soma das partes.

Steve Jobs

No início deste ano, tirei umas férias muito necessárias de "vitamina D" com minha família na Flórida (moramos em Cleveland, Ohio).

Depois de consumir um livro de ficção científica (*Jogador número um*, de Ernest Cline — leitura obrigatória para qualquer amante de ficção científica ou videogame), minha esposa me deu a última edição da revista *Cosmopolitan*.

Isso mesmo, eu estava lendo a *Cosmopolitan* (não me condenem).

De acordo com o seu kit de mídia, a revista *Cosmopolitan* alcança um público-alvo mensal de mais de 14 milhões de mulheres com a revista impressa e mais de 50 milhões se incluirmos os canais digitais. Cerca de 60% de seu público leem pelo menos três de cada quatro edições e, na leitura, levam em média 75 minutos.

Setenta e cinco minutos. Que tal esse engajamento?

A missão declarada da *Cosmopolitan* é:

> Empoderar mulheres jovens para que sejam quem são e quem querem ser, e o nosso foco é conduzi-las a um futuro destemido e divertido. Sem desculpas, sem bobagens, sem arrependimentos.

Reservemos um minuto para comparar com uma das maiores empresas do mundo, a Exxon Mobil, que declara assim sua missão:

> A Exxon Mobil Corporation tem como compromisso ser a principal empresa petrolífera e petroquímica do mundo. Com esse fim, devemos atingir constantemente resultados financeiros e operacionais superiores, respeitando elevados padrões éticos.

Notaram a diferença? (Além da parte da diversão.)

O MODELO DE NEGÓCIO DE CONTEÚDO

A *Cosmopolitan* é totalmente voltada para o seu público-alvo. Não há uma palavra sequer sobre o que a *Cosmopolitan* vende para obter lucro. A Exxon, por outro lado, tem uma missão clara voltada para o que vende. Petróleo... e muito. Bom para a Exxon.

A *Cosmopolitan* fez do conteúdo o seu modelo de negócio (como Robert detalha no Capítulo 1).

Trata-se do uso estratégico de conteúdo, que, além de criar público e impulsionar a criação e retenção de clientes, consegue fazer isso ***com lucro****.*

Soa como uma empresa de mídia, não é? Pois deveria.

Enquanto tradicionalmente a estratégia de receita da *Cosmopolitan* gire em torno da venda de publicidade, ela tem várias opções flexíveis para ganhar dinheiro com o conteúdo.

O modelo da *Cosmopolitan* é mais ou menos assim:

Crie um público fiel. Depois de aprendermos as necessidades profundamente enraizadas desse público, lhe agregarmos valor constantemente e se o público (leitor) se tornar fã (assinante), monetizaremos esse relacionamento de várias maneiras.

E é o que a *Cosmopolitan* faz, com livros, pacotes de beleza, publicidade nativa, conteúdo distribuído por agências e promoções (veremos mais sobre isso no próximo capítulo). Se forem medianamente inovadores, os líderes da *Cosmopolitan* verão quantos produtos poderiam vender diretamente aos seus leitores (em vez de vender apenas o acesso aos anunciantes). Quando isso acontecer, cuidado!

Na Exxon, é muito desafiador para um profissional de marketing aproveitar o conteúdo com uma missão que gire em torno do produto (e não do cliente). É nesse ponto que, como nos exemplos de Robert no Capítulo 1, o conteúdo é uma tática baseada no tempo que, se executada corretamente, deveria aumentar o interesse no produto.

MARCA DE PRODUTO OU DE MÍDIA?

A Exxon é uma das maiores e mais valiosas empresas do mundo. Ela aproveitou cada elemento do marketing tradicional e um modelo de negócio tradicional e tudo correu excepcionalmente bem. Mas, se quiser crescer substancialmente e se tornar uma empresa em crescimento (caso isso seja possível), a Exxon precisa "matar" o modelo.

Agora você deve estar se perguntando: "Mas, Joe, a *Cosmopolitan* é uma empresa de mídia, e a Exxon vende um produto. É óbvio que os modelos têm de ser diferentes".

Têm mesmo?

A Dennis Publishing é uma das maiores empresas de mídia independente do Reino Unido. Dentre seus grandes títulos, temos *Men's Fitness* e *The Week*, mas também grandes plataformas de conteúdo no setor automotivo, com marcas como *Car Buyer* e *Auto Express*.

Nos últimos 10 anos, a maioria das empresas de mídia passou por dificuldades para crescer de forma significativa, enquanto a publicidade impressa continua a morrer lentamente. Mas isso não afetou a Dennis. De acordo com o jornal *The Guardian*, a Dennis Publishing aumentou sua receita de £ 59 milhões em 2009 para £ 93 milhões em 2016. Como, você perguntaria?

Em novembro de 2014, a Dennis adquiriu a concessionária de carros online BuyaCar, que agora gera 16% da receita total da empresa. É isso mesmo. Esta pequena empresa de mídia vende mais de duzentos carros por dia. A Dennis tinha o público-alvo (compradores de carros interessados) e formou um relacionamento fiel com esse público ao longo do tempo. Em retrospectiva, foi uma decisão óbvia da Dennis adquirir uma revendedora de automóveis ou uma empresa de comércio eletrônico, e ainda assim poucas empresas de mídia veem isso como uma possibilidade (por enquanto).

E então, a Dennis é uma empresa de mídia ou uma marca que vende produtos e serviços? E a Red Bull ou a J&J?

A celebridade de Hollywood Gwyneth Paltrow lançou o Goop.com em 2008. Concebido a princípio como boletim eletrônico semanal sobre recomendações de viagens e dicas de compras, o Goop atraiu rapidamente mais de um milhão de assinantes por e-mail. Depois de constituído um público fiel e dedicado, o Goop começou a lançar produtos e, em 2016, anunciou e vendeu uma linha completa de roupas.

O Goop é uma empresa de mídia ou uma marca que, por ora, vende roupas de moda? O que estará vendendo em cinco anos?

Hoje, se tivesse de escolher entre criar um público e depois vender diretamente a ele, em vez de alugar canais externos que você não controla e não possui, qual seria escolhido? É claro que você escolheria a venda direta. É uma decisão facílima de tomar e, no entanto, a maioria das empresas optou por alugar (primariamente) ano após ano. Continuamos a manter, como afirma Robert, um sistema "ineficiente" como se fosse a única coisa disponível. Fomos levados a acreditar que o nosso marketing atual são as cartas que recebemos e que não há mais nada que se possa fazer.

> *Este ser humano aqui entende o suficiente para perceber quando estão mexendo com ele.*
>
> *Armada*, de Ernest Cline

O MESMO MODELO

Nos últimos anos, quando Robert e eu fizemos a nossa pesquisa em grandes departamentos de marketing corporativo e em empresas de mídia, nós dois chegamos à mesma conclusão:

O novo modelo de negócios de mídia e o novo modelo de negócios de marketing são exatamente iguais.

Eis aqui uma conversa real por e-mail entre Robert e eu quando começamos a reunir as ideias que se transformaram neste livro:

> *De: Joe Pulizzi*
>
> *Assunto: Ideias?*
>
> *Oi*
>
> *Sei que é óbvio, mas finalmente me ocorreu que o novo modelo de mídia e o novo modelo de marketing são exatamente iguais.*
>
> *Eu acho isso tão legal... é óbvio ou é realmente fantástico?*

> *De: Robert Rose*
>
> *Assunto: RE: Ideias?*
>
> *Não... é EXATAMENTE igual... Lembra quando eu disse que estava CONVENCIDO de que estávamos envolvidos em algo enorme aqui... Essa é a revelação... É isso que me entusiasma tanto...*
>
> *Acho que é fantástico... Mas talvez eu só esteja na mesma vibe que você... Ha!*

Qual a diferença entre Miami e Cleveland? São iguais.

LeBron James, no filme *Descompensada*

Hoje, quando olhamos a maioria das marcas de mídia ou de produto, vemos uma grande diferença. O *New York Times* versus a Procter & Gamble. A *Economist* versus a Intel. A revista *IndustryWeek* versus a Lincoln Electric.

A maioria das pessoas tem percepções muito diferentes entre o que uma empresa de mídia faz e o que a marca de produto faz. E hoje, em geral, elas são diferentes. Mas, ao avançarmos para 2020 e além, as diferenças entre os dois modelos de negócio se dissolverão.

Empresas de mídia como a Dennis Publishing gerarão receita com produtos de mídia tradicionais (assinaturas e publicidade) e produtos e serviços (venda de carros).

Empresas de produtos e serviços como a Arrow Electronics obterão receita com a venda de produtos e serviços (eles vendem equipamentos eletrônicos industriais), além da venda de produtos de mídia tradicionais (assinaturas e publicidade).

Quando se constrói um público, os dois lados da equação da receita são possíveis. Não é só marketing... é um modelo de negócios.

Robert e eu acreditamos que as empresas inovadoras que começarem a implementar esse novo modelo de negócio de conteúdo na estrutura de seu modelo liderarão seus setores no futuro.

E Walt Disney já sabia disso mais de 60 anos atrás.

DESCONSTRUINDO A DISNEY

O modelo visual de conteúdo de Walt Disney (visite https://hbr.org/2013/06/what-is-the-theory-of-your-firm, se quiser ver a imagem), de 1957, é um dos meus documentos favoritos (tanto que o tenho pendurado na minha sala). A imagem mostra a coleção de ativos da Disney, desde histórias em quadrinhos até música e materiais publicitários, que se complementam entre si. Mas as peças centrais (na verdade, colocadas no centro da imagem) são os filmes de animação e com atores. Foi esse conteúdo que a Disney (a empresa) usou para criar uma base de fãs (um público). Então essa base de fãs, que se tornaram mais fiéis com os outros produtos de conteúdo da Disney, começou a gastar dinheiro, especificamente na Disneylândia e com a venda de mercadorias.

Todd Zenger, da Universidade de Utah, descreve o plano visual da Disney da seguinte forma: "A Disney mantém o crescimento da criação de valor desenvolvendo uma capacidade incomparável em filmes animados (e com atores) para toda a família e reunindo outros ativos de entretenimento que sustentam e extraem valor dos personagens e imagens desses filmes".

Para resumir, a Disney construiu um público e depois o monetizou com a mídia tradicional e a venda de produtos e serviços. A Disney é uma daquelas raras empresas que nunca foi uma empresa de mídia nem uma marca de produto — sempre foi as duas coisas... desde a concepção.

O Content Marketing Institute (CMI), empresa que fundamos em 2010 e depois vendemos para a UBM em 2016, segue exatamente o mesmo modelo da Disney. Tanto é assim que criamos um modelo visual de negócio baseado na estratégia de 1957 da Disney (Figura 3.1).

Figura 3.1	O CMI baseou o seu modelo de negócio de mídia diretamente no modelo visual da Disney Productions

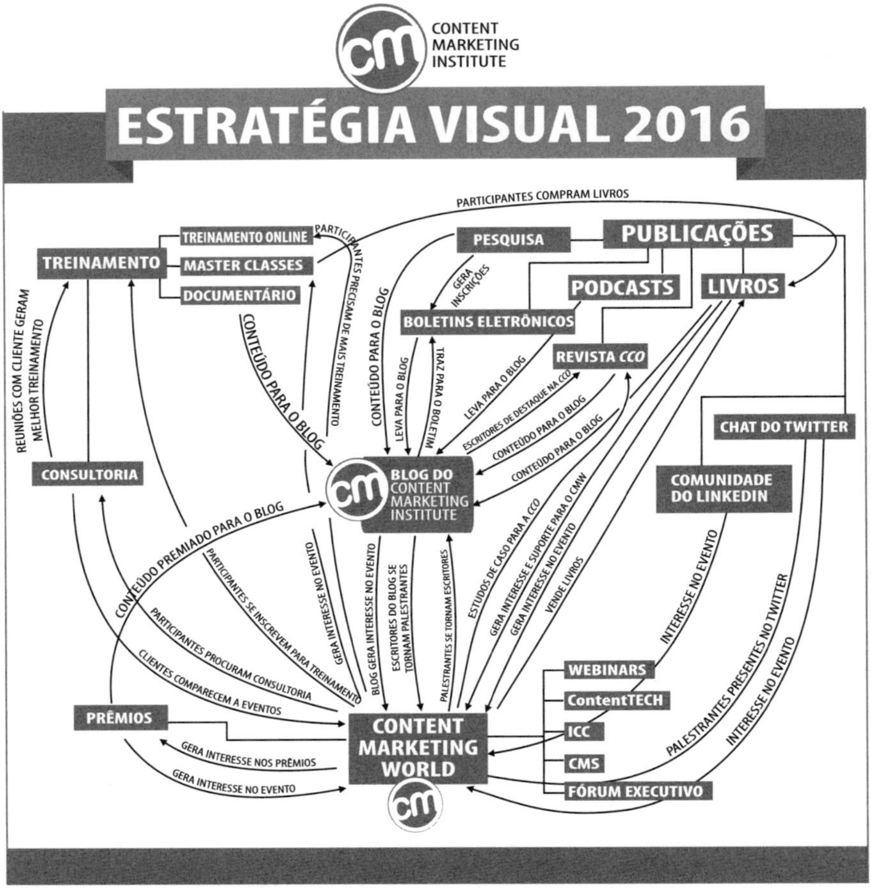

A principal plataforma da Disney girava em torno de filmes passados nos cinemas. Esse foi o primeiro passo da Disney para construir o relacionamento com o público. Para o CMI, o blog digital, onde publicamos um texto didático original de 1.500 palavras por dia, é o núcleo que gera o público. A partir daí, ganhamos dinheiro com nossos fãs de várias maneiras, mais especificamente com o nosso grande evento físico Content Marketing World (como a Disney faz com a Disneylândia e o Walt Disney World).

O interessante, como falaremos com mais detalhes no resto do livro, é o número de maneiras diferentes para a empresa gerar receita depois de estabelecer um público fiel por meio da criação de valor com conteúdo.

UM MODELO DE MARKETING MELHOR

Como mostramos, agora os departamentos de marketing estão adotando esses modelos de negócio anteriormente exclusivos da mídia; além de aproveitá-los para cumprir metas de vendas e reduzir custos, geram lucro direto. Examinemos detalhadamente três exemplos do que acontece hoje: uma empresa que atende a consumidores (*business to consumer,* ou B2C), outra que atende a empresas (*business to business,* ou B2B) e uma iniciante inovadora.

Nos bastidores: Red Bull

> *A marca austríaca de bebidas energéticas se consolidou como a Coca-Cola da era dos conteúdos compartilháveis, disposta a gastar à vontade para produzir conteúdo tão bom que não se distingue do conteúdo não voltado ao marketing. Na verdade, a Red Bull é uma empresa de mídia que por acaso vende refrigerantes.*
>
> Brian Morrissey, *Digiday*

Já repeti a última frase da citação acima em centenas de apresentações na última década: "A Red Bull é uma empresa de mídia que por acaso vende refrigerantes".

Provavelmente, a Red Bull é o exemplo mais conhecido do marketing como centro de lucro. Com uma variedade de iniciativas para gerar conteúdo, a Red Bull garantiu um dos públicos mais fiéis do planeta. A Red Bull Media House é o motor que faz isso acontecer. Pode-se comparar os especialistas em mídia da Red Bull Media House com qualquer empresa de mídia tradicional do mundo, desde o processo até a narração de histórias, e será difícil escolher qual é o melhor.

Quando escrevi pela primeira vez sobre a Red Bull Media House em meu livro *Marketing de conteúdo épico* (2013), achava que o conteúdo criado pela Red Bull era como qualquer outro programa de marketing de conteúdo; em última análise, o objetivo era impulsionar as vendas de produtos. Nesse caso, seria vender mais latas de Red Bull. Mas, como discuti na Introdução deste livro, a Red Bull Media House tem um objetivo: gerar lucro direto com o conteúdo criado. É claro que a administração da Red Bull gosta de ver a demanda crescer atrás da criação de conteúdo; no entanto, de acordo com Robert Sperl, editor da Red Bull, a Red Bull Media House é medida como qualquer empresa de mídia, com receita direta e geração de lucro.

Ele faz isso com diversas iniciativas. Eis algumas:

- **Mídia impressa.** A *Red Bulletin*, revista mensal em versões impressa e digital, é entregue a mais de dois milhões de assinantes do mundo inteiro e publicada em dez países e cinco idiomas. A *Red Bulletin* é a principal revista impressa da empresa e está posicionada como uma revista global sobre o estilo de vida masculino. A Red Bull também conta com mais três revistas impressas, como a *Berg Welten*, revista de aventuras alpinas, e a *Terra Mater*, revista de natureza e ciência. A empresa vende publicidade e patrocínio na revista e também vende diretamente por meio de assinaturas (como qualquer outra revista tradicional).

- **Red Bull Content Pool.** A empresa distribui milhares de vídeos, imagens e músicas diretamente a empresas de mídia. Sim, é isso mesmo: as empresas de mídia pagam à Red Bull para receber e adquirir os direitos de exibir o conteúdo da marca Red Bull. Seu repositório de conteúdo *premium* de imagens digitais do setor esportivo talvez só seja superado talvez apenas pela Disney (ESPN).

- **Red Bull Records.** Com escritórios em Los Angeles e Londres, a Red Bull Records produz artistas como a banda de *indie rock* Awolnation e a banda alternativa *Twin Atlantic*, em contratos de gravação que se alinham à mentalidade *Give You Wings* da Red Bull ("Red Bull te dá asas"). Além disso, a Red Bull Music Publishing apoia aspirantes a compositores e letristas e agencia suas músicas, tanto como parte do repositório de conteúdo quanto em outros programas da empresa.

- **Speedweek.** Speedweek é a marca de esportes motorizados da Red Bull, com foco nas corridas de duas e quatro rodas. Esta miniempresa de mídia cobre 70 tipos de corrida e 360 campeonatos. A Speedweek vende publicidade digital e patrocínios móveis a algumas das principais empresas do mundo interessadas em atingir essa base específica de fãs.

Some-se a isso a Red Bull TV e os filmes e documentários, além da programação ao vivo de esportes radicais do mundo inteiro e "pode" ser que a Red Bull Media House só fique atrás da ESPN em termos de programação esportiva constante.

Nos bastidores: Arrow Electronics

Como afirmou Robert no Capítulo 1, a Arrow Electronics (ARW, na Bolsa de Valores de Nova York), fundada em 1935, é uma das maiores empresas do mundo e gera mais de 24 bilhões de dólares em receita anual. É a maior distribuidora mundial de componentes eletrônicos, de semicondutores a placas de circuito, e agora atende a mais de cem mil clientes em todo o mundo.

O modelo de mídia da Arrow surgiu em duas etapas. Segundo Victor Gao, vice-presidente e diretor administrativo, em 2014 a presença digital da Arrow consistia de uma federação de micro-sites e de, literalmente, centenas de domínios. Esses sites não tinham integração nenhuma entre si e, em geral, eram desprovidos da marca Arrow. Em resumo, a experiência do cliente nesses sites deixava a Arrow próxima da parte inferior do setor. Para resolver, a Arrow descontinuou o modelo de micro-sites e criou uma experiência global com a Arrow.com (e com a Chip1Stop, a marca japonesa da Arrow). O único objetivo da Arrow.com é vender produtos e serviços.

Quando o novo site ficou pronto, a Arrow fez um grande investimento em conteúdo de alta qualidade para responder aos problemas específicos que os engenheiros eletrônicos tinham com os produtos que a Arrow vendia. Cada conteúdo criado foi escrito e editado profissionalmente e, em seguida, revisado por um engenheiro eletrônico especializado da Arrow. Menos de um ano depois de investir em conteúdo original e relançar seu site, a Arrow viu o envolvimento dos leitores (uma combinação de visitantes individuais e tempo gasto no site) aumentar 30 vezes. Nesse processo, o site Arrow.com foi um dos que tiveram mais tráfego no setor.

Essa foi a primeira etapa. A segunda girou em torno da pesquisa da UBM que a Arrow descobriu em 2014, chamada "Mind of the Engineer" (Mente do engenheiro) (Figura 3.2). De acordo com a pesquisa, a questão básica com a qual os engenheiros se preocupavam era manter atualizados seus conhecimentos de engenharia. Em seguida, a pesquisa listou dezoito maneiras diferentes pelas quais os engenheiros se instruíam diariamente. Todas, com exceção de duas, eram mídia, de blogs a podcasts, de artigos a seminários.

Foi então que a administração da Arrow percebeu que a maior oportunidade para a empresa era se tornar um recurso confiável para engenheiros eletrônicos. A Arrow tomou a decisão de se tornar a mídia.

Victor Gao afirmou:

> A Arrow não criou do zero uma empresa de mídia. Criamos o portfólio de mídia com aquisições. [...] Assim, quando tem uma ideia, o engenheiro eletrônico provavelmente começa a fazer pesquisas na internet, a analisar alguns artigos de tecnologia em geral. Então, passa para o que chamam de folha de

dados, que é uma descrição detalhada, em geral do fabricante do componente, do tipo "aqui estão todos os diferentes parâmetros sobre os quais é preciso pensar". E há um projeto de referência, um documento que diz: "bom, em geral esse componente é acompanhado por esses outros componentes". Então se procura uma ferramenta na nuvem para executar algumas simulações, e aí vem a necessidade de solicitar alguns protótipos [...] e fazer vários testes, vem a iteração e, finalmente, se chega ao protótipo do produto inteiro. Assim, quando pensamos sobre isso em termos das propriedades de mídia que possuímos, quisemos garantir que pudéssemos acompanhar essa jornada para o engenheiro, para podermos [...] ajudá-lo do início ao fim.

Figura 3.2 Os engenheiros eletrônicos obtêm informações sobre o setor quase exclusivamente por meio da mídia

Em junho de 2017, a Arrow contava com 51 propriedades no espaço de mídia eletrônica e se tornou a maior organização de mídia do setor (em termos de visitantes individuais e de tempo gasto). As propriedades de mídia estão alojadas em uma divisão completamente separada da Arrow, chamada de AspenCore, o que cria um firewall bastante real entre a empresa principal e as propriedades de mídia (assim como a separação editorial entre Igreja e Estado nas empresas de mídia tradicionais).

A Arrow analisa o desempenho da AspenCore por meio de indicadores de desempenho (*key performance indicators* ou KPI) primários e secundários. Em essência, a AspenCore é avaliada pelo desempenho financeiro, especificamente pela lucratividade. De acordo com Gao, a AspenCore é extremamente lucrativa, e alguns anunciantes e patrocinadores dobraram os gastos nos últimos dois anos. Os KPI secundários são alcance (o tamanho do público), engajamento (tempo gasto) e compartilhamento social.

Mas, como a Red Bull Media House, a AspenCore está decidida a ter ou não sucesso, exatamente como faria uma empresa de mídia.

A AspenCore gera receita da seguinte maneira:

- Publicidade na internet de marcas de conteúdo, como *EE Times*, *EEM* e *Power Electronics News*, com banners, botões e anúncios pop-over, anúncios de boas-vindas e de canal e publicidade em boletins eletrônicos.

- Patrocínio de webinars e webcasts, além de ofertas de conteúdo personalizadas e patrocinadas. (Na verdade, a Arrow cria conteúdo original para empresas externas.)

- Publicidade impressa em publicações como a revista *Electronic Products*.

- Aluguel de listas e venda de dados.

Além disso, AspenCore dá desconto em publicidade e patrocínio para as submarcas da Arrow em nichos específicos. Isso faz duas coisas pelas marcas: primeiro, elas conseguem alcance e influência diretos com uma redução significativa de custo em relação à publicidade normal; segundo, as marcas da Arrow podem obter dados primários para descobrir em que os leitores estão interessados ou não. Isso é bem parecido com o que a Kraft Foods faz há anos com sua marca de conteúdo *Food and Family*. A empresa usa esse tipo de dado primário como forma de pesquisa e desenvolvimento e para ajudar a empresa a determinar que novos produtos podem merecer consideração com base nas necessidades e nos pontos problemáticos do público (com que conteúdo o público se envolve ou não nas propriedades pertencentes à Kraft).

Nos bastidores: Terminus

A Red Bull e a Exxon estão entre as maiores empresas do mundo. Depois de receber a aprovação administrativa para desenvolver um ramo de mídia, ambas tiveram desde o início recursos para investir intensamente nos negócios.

E se você não tiver um orçamento significativo? E se você for uma empresa iniciante? Essa coisa de "marketing e empresa de mídia" é só para grandes marcas?

A Terminus é uma pequena startup de Atlanta, no estado americano da Geórgia, que vende software de marketing baseado em contas (*account-based marketing,* ou ABM). Seu software é específico para profissionais de marketing B2B que precisem estabelecer relacionamentos com dez, quinze ou vinte pessoas diferentes na mesma empresa para vender seus produtos. O software da Terminus ajuda a entender esse processo.

Sangram Vajre, um dos fundadores e diretor de marketing da empresa, teve uma ideia chamada "Flip My Funnel" (inverta meu funil) e começou a publicar constantemente sobre ela na plataforma de publicação aberta do LinkedIn. Cada vez mais profissionais de marketing B2B começaram a seguir o trabalho de Vajre, e alguns deram a sugestão de criar um evento em torno do conceito.

Vajre afirma: "Montamos um evento em alguns meses e convidamos todos os principais líderes do mercado que se importavam com o assunto. Nada a ver com a Terminus [...] nem uma única pessoa falou sobre a Terminus na conferência. Dez patrocinadores [ajudaram] a pagar a conferência. [...] Foi quase como se [...] nenhum dinheiro real viesse de nós, porque tudo foi resolvido pelo(s) patrocínio(s). Conseguimos trazer trezentas a quatrocentas pessoas para assistir à conferência. [...] e conseguimos construir relacionamentos com todos esses importantes líderes".

A "Revenue Summit" do Flip My Funnel foi um sucesso instantâneo. Depois do primeiro evento, a Terminus conseguiu fechar negócios com 15 clientes importantes diretamente no evento. Então, a empresa continuou a lançar eventos em cidades de todo o país.

De acordo Vajre, o lançamento dos próprios eventos custaria mais de 1,5 milhão de dólares. O custo associado a eles foi totalmente coberto por patrocínios externos e participantes inscritos. Do total de trezentos clientes que a Terminus possui hoje, cem vieram diretamente dos eventos.

A conferência de 2017 contou com a presença de mais de seiscentos clientes e candidatos a clientes e foi patrocinada por grandes empresas de software, como a Salesforce e a Marketo (pertencente à Microsoft). Até concorrentes diretos dão dinheiro à Terminus para patrocinar o evento porque, como observa Vajre, o Flip My Funnel é um evento do setor, não um evento da Terminus (semelhante à forma como a Arrow posiciona suas marcas).

Para fazer isso dar certo do ponto de vista do processo contínuo, a Terminus dividiu seu marketing em duas partes distintas: a equipe de marketing Terminus e a equipe Flip My Funnel, cada uma com seu próprio centro de lucros e prejuízos.

A Terminus vê mais potencial para crescer e monetizar a marca Flip My Funnel e, recentemente, lançou a Universidade Flip My Funnel de Marketing Baseado em Contas, além de um programa de prêmios.

Vajre acredita que esse modelo funciona porque a Terminus não fala sobre si mesma. "Acredito que uma das razões pelas quais obtivemos tanto sucesso é que sempre conversamos sobre o problema. Nunca falamos de nós mesmos em nenhum momento [...] nunca falamos do que a Terminus faz e 'eis aqui como a Terminus pode ajudá-lo'. Nunca foi assim."

Se esse modelo precisar de mais validação, Vajre foi realmente procurado por investidores externos para comprar a marca Flip My Funnel. É isso mesmo: alguém quer comprar a divisão de marketing da Terminus.

NÃO PODE SER SÓ CONTEÚDO

Em 1979, David Nussbaum se formou em jornalismo pela Universidade de Boston e começou a se tornar Robert Redford ou Dustin Hoffman no filme *Todos os Homens do Presidente*. Especificamente, David adorava o jornalismo impresso e acreditava que era o que faria pelo resto da vida: ajudar a contar histórias incríveis que as pessoas leriam no jornal local ou nacional.

Mas, quando David comprou seu primeiro computador, em 1985, tudo mudou. Ele viu imediatamente o poder desse tipo de dispositivo para contar histórias e, dessa forma, começou a atuar também nessa área: aprendeu DOS e depois passou rapidamente para a Era da Internet versão 1.0.

Embora David ainda se dedicasse à ideia de jornalismo impresso, ele começou a empregar mais tempo para entender as comunicações digitais. Nessa mesma época, David começou a ver o surgimento de um modelo de negócio.

Nos anos 1990, David se tornou um dos principais especialistas nesse novo modelo e, em 2004, tornou-se presidente executivo da Penton Media, contratado especificamente para mudar a empresa, que passava por dificuldades. Em 2000, a Penton tinha sido uma das estrelas mais brilhantes de Wall Street: uma empresa de eventos e mídia impressa com rápido crescimento, cujas ações subiam mais depressa do que o mercado.

Então, em 2001, após o 11 de Setembro e a crise das empresas ponto.com, a Penton entrou numa espiral fatal devido a uma série de más aquisições e, depois, ao enorme endividamento. Em apenas dois anos, as ações da Penton, que valiam 35 dólares, caíram para 7 centavos. David foi contratado por mera questão de sobrevivência.

David foi forçado a ver a Penton Media além do modelo tradicional de mídia comercial. Especificamente, ele organizou a empresa não em torno de produtos, mas em torno do público. O novo objetivo da empresa não era focar no que tinha para vender aos leitores, mas no que os leitores queriam (ou gostariam de) comprar.

Nunca me esquecerei de uma conversa que tive com David em 2005. Naquela época, eu estava diretamente subordinado a ele e era responsável pelo departamento de mídia personalizada da empresa. Nossa tarefa era vender produtos de conteúdo personalizado para anunciantes da Penton que desejassem comprar mais do que apenas publicidade. Em nossa primeira reunião, David foi muito claro em seu foco e disse: "Joe, não me importa se você vende sapatos. O seu trabalho é analisar os ativos com que tem que trabalhar e monetizá-los".

David sabia que tínhamos um relacionamento incrível com nossos leitores e clientes. Também sabia que a Penton não sobreviveria vendendo apenas mais publicidade. Tínhamos de mudar o modelo — e depressa. E deu certo. Em 2007, a Penton Media foi vendida para a Prism Media com uma avaliação 10 vezes maior do que a de 2004.

Depois do sucesso na Penton, David foi para a F&W Media, editora tradicional de mídias de interesse especial, como artes e ofícios, caça, antiguidades e colecionáveis. De acordo com David: "Voltando alguns anos atrás, minha opinião era de que o conteúdo era a coisa mais importante para ter sucesso [na mídia]. Mas isso é um equívoco. Como executivos de mídia, não devemos nos categorizar como alguém que oferece conteúdo de um modo ou de outro e nos concentrar só nisso, mas **focar na construção de uma grande comunidade com conteúdo fenomenal**".

Na F&W, David ajudou a tirar o foco da publicidade e passá-lo mais para o que o leitor compraria. Isso significou transformar a F&W numa empresa de comércio eletrônico. Em sete anos, a F&W saiu de praticamente nada para a geração de mais de 60 milhões de dólares em receita direta de comércio eletrônico com seu público, vendendo livros, kits, filiações, assinaturas e muito mais.

Hoje, David é presidente executivo da America's Test Kitchen (ATK), empresa inteiramente financiada sem nenhum apoio de anunciantes. A ATK monetiza o seu conteúdo e a sua comunidade com assinatura de revistas e sites, cursos de treinamento, livros de receitas e pacotes de receitas, além da venda de grande quantidade de dados e de consultoria a empresas maiores.

Atualmente, a ATK está expandindo sua presença com o lançamento dos programas de televisão da marca em parceria com redes de TV; em seguida, ela ganhará dinheiro vendendo produtos de marca associados a cada programa.

David acredita que a ATK será bem-sucedida porque se concentra melhor do que ninguém num nicho específico. "Lidamos com a arte e a ciência dos alimentos e da culinária. Não competimos com as marcas de estilo de vida", diz David. "O Food Channel tem uma concorrência crescente no nicho de estilo de vida porque deixou de lidar efetivamente com culinária e passou a lidar com [...] competições de culinária. Isso ajuda a atingir um público maior, mas não a obter um público tão fiel e apaixonado (como o nosso)."

O foco nesse nicho principal e nessa faixa de conteúdo é que ajuda a ATK a criar um público fiel, permitindo-lhe lançar vários produtos para monetizar e ativar esse público.

Quanto a David, seu foco permanece o mesmo: criar um público extremamente fiel oferecendo experiências de conteúdo sempre valiosas. A partir daí, tudo é possível.

O MODELO, NÃO UMA FUNÇÃO DE SUPORTE

Robert descreveu "Conteúdo: o Modelo de Negócio" perfeitamente no Capítulo 1:

> É o uso estratégico do conteúdo, que, além de criar público e impulsionar a criação e retenção de clientes, fará isso gerando lucro. Desse modo, o marketing que conhecemos hoje se

transformará em algo novo. Toda a prática do marketing vai evoluir, e algumas ou todas as funções de marketing poderão ser transferidas do centro de custo para o centro de lucro.

Em seus negócios, a maioria das empresas aproveita o conteúdo para dar suporte a outras metas, como a geração de demanda ou a fidelização de clientes. E isso é perfeitamente aceitável (por ora, pelo menos). Essa é a essência do meu livro *Marketing de conteúdo épico*.

Mas não podemos parar aí. Os profissionais de marketing de amanhã (pelo menos os que ainda estarão no mercado) administrarão toda a empresa de marketing como um negócio próprio (como Victor Gao faz na Arrow Electronics), não só como sustentação de uma meta de negócios. Além de ter de entender de marketing, os profissionais de amanhã precisarão compreender o setor de publicações e saber administrar uma empresa de mídia como um editor ou presidente executivo.

O departamento de marketing não precisa mais se limitar ao suporte a determinados produtos. Amanhã, depois de construído o público fiel, o departamento de marketing poderá criar receita e gerar lucro de maneiras quase ilimitadas para agregar valor à empresa.

Mas como é esse modelo de negócio do ponto de vista da receita e do lucro? O próximo capítulo revelará tudo.

Qual é a utilidade de correr se você não estiver no caminho certo?
Provérbio alemão

Ideias lucrativas

- As empresas de mídia mais inovadoras e as que melhor aproveitam o conteúdo têm hoje exatamente o mesmo modelo de negócio (e ainda assim muitos não veem isso).

Ideias lucrativas *(continuação)*

- Seja você uma empresa grande, como a Red Bull ou a Arrow, seja você uma pequena iniciante, como a Terminus, o mesmo modelo se aplica: crie um público fiel e várias fontes diretas de receita serão possíveis.
- Como diz David Nussbaum, a questão não é quanto você publica; é a construção de uma comunidade fiel. Para isso, seu conteúdo tem de ser fenomenal.

Recursos lucrativos

- Cosmopolitan Media Kit, acessado em 24 de maio de 2017, http://www.cosmomediakit.com/r5/home.asp.
- Exxon Mobil Guiding Principles, acessado em 24 de maio de 2017, http://corporate.exxonmobil.com/en/company/about-us/guiding-principles/our-guiding-principles.
- About Dennis Publishing, acessado em 24 de maio de 2017, http://www.dennis.co.uk/about/.
- "The Reinvention of Publishing: Media Firms Diversify to Survive", theguardian.com, acessado em 24 de maio de 2017, https://www.theguardian.com/media-network/2017/jan/30/reinvention-publishing-media-firms-diversify-survive.
- Brook Barnes, "Gwyneth Paltrow and Goop Go into the Fashion Business", nytimes.com, 10 de setembro de 2016, https://www.nytimes.com/2016/09/11/fashion/gwyneth-paltrow-goop-fashion-business.html?_r=0.

Recursos lucrativos *(continuação)*

- Todd Zenger, "What Is the Theory of Your Firm?", *Harvard Business Review*, junho de 2013, https://hbr.org/2013/06/what-is-the-theory-of-your-firm.
- Red Bull Media House Media Kit, acessado em 24 de maio de 2017, https://www.redbullmediahouse.com/fileadmin/upload_media/content_licensing/Red_Bull_Media_House_Sales_Catalog_2015.pdf.
- Victor Gao, entrevista a Clare McDermott, janeiro de 2017.
- Mind of the Engineer Study, United Business Media, 2014.
- 2017 AspenCore Media Kit, acessado em 24 de maio de 2017, http://www.aspencore.com/AspenCoreMediaGuide.pdf.
- Sangram Vajre, entrevista a Clare McDermott, janeiro de 2017.
- David Nussbaum, entrevista a Clare McDermott, janeiro de 2017.

CAPÍTULO 4

Modelo de Receita

JOE PULIZZI

Randolph Duke: Dinheiro não é tudo, Mortimer.

Mortimer Duke: Ah, vê se cresce.

Randolph Duke: Mamãe sempre dizia que você era ganancioso.

Mortimer Duke: Ela estava me elogiando.

Do filme *Trocando as Bolas*, de 1983

O investidor de hoje não lucra com o crescimento de ontem.

Warren Buffett

Em maio de 2010, o Content Marketing Institute (CMI) foi lançado como uma entidade educacional e de treinamento para profissionais de marketing corporativo, com foco na abordagem do marketing de conteúdo. Naquele primeiro ano, o CMI gerou um pouco menos de 75.000 dólares em receita total (não lucro, apenas receita). Em 2016, a receita do CMI ultrapassou 10 milhões de dólares, com uma saudável margem de lucro líquido de 25%.

O modelo em si era bem simples: O CMI construiu um público fiel de profissionais de marketing, de apenas alguns milhares em 2010 até cerca de duzentos mil em 2016, e monetizou esses relacionamentos de diversas formas.

NOS BASTIDORES: CONTENT MARKETING INSTITUTE

O CMI divide a receita em quatro "cestas": eventos, mídia digital, mídia impressa e ideias.

Eventos

Quando se analisa o modelo de negócio do CMI, todas as iniciativas digitais, impressas e de pesquisa levam, de uma forma ou de outra, aos nossos treinamentos e eventos presenciais.

Content Marketing World

A parte maior e mais lucrativa do modelo de receita do CMI são os eventos presenciais. O Content Marketing World, nosso principal evento, leva mais de quatro mil enviados de 70 países para Cleveland, Ohio, todo mês de setembro. O evento oferece cem sessões individuais para os participantes da conferência, bem como um grande salão de exposições com as tecnologias mais recentes de marketing de conteúdo.

Em média, o participante paga 1.295 dólares para participar da conferência principal, enquanto cerca de 25% dos participantes adquirem o que chamamos de "Acesso ilimitado", que dá direito a dois workshops e vídeos de todas as apresentações, a mais ou menos o dobro do preço. O patrocinador médio investe cerca de 15 mil dólares num estande ou outra opção de patrocínio, que varia de alguns milhares até cem mil dólares. Cerca de 70% da receita total do evento vem das taxas de participação, e os outros 30% são patrocínios. O Content Marketing World gera uma margem bruta superior a 40%.

O CMI também produz um evento menor de conteúdo corporativo em Las Vegas, chamado Intelligent Content Conference, com a participação de cerca de quinhentos profissionais de marketing (o CMI comprou a Intelligent Content Conference em 2014). Além disso, no outono o CMI produz eventos de *mas-*

ter class em cidades de todo o país. Em 2017, o CMI percorreu oito cidades, e os eventos tiveram a participação de cinquenta a cem pessoas em cada local.

Mídia digital

Quando o CMI lançou seu modelo de negócio, foi o fluxo de receita digital que abriu o caminho.

Benfeitores

Em 2010, o patrocínio de "benfeitores" foi o primeiro gerador de receita do CMI. É uma combinação de publicidade, patrocínio e conteúdo para empresas que desejam alcançar o público-alvo do CMI pelo website, que agora atrai mais de um milhão de visitantes por ano. No primeiro ano, o CMI cobrou 15 mil dólares pelo patrocínio anual. Em 2017, esse valor foi de 40 mil dólares, limitado a dez empresas por um período de 12 meses.

O patrocínio do benfeitor inclui o seguinte:

- Capacidade de criar postagens educacionais no blog para divulgar no website do CMI (que têm de ser aprovadas pela equipe editorial do CMI).
- Doze meses de exibição de banner de publicidade na internet (10% dos visitantes do CMI verão a publicidade do benfeitor de forma contínua).
- Inclusão de anúncios nos boletins eletrônicos semanais do CMI e alertas de blog diários (mínimo de quarenta por ano).
- Inserção da marca no rodapé de todas as páginas do website do CMI.
- Prioridade em caso de parcerias e oportunidades especiais.

Podcast

Em novembro de 2013, Robert e eu conversamos por telefone cerca de uma hora. No fim da conversa, Robert disse: "A conversa foi ótima... deveríamos ter gravado". Na semana seguinte, lançamos *This Old Marketing*, o podcast do CMI, no qual comentamos as notícias da semana. O formato do podcast se espelhou no programa *Pardon the Interruption*, da ESPN.

Naquele primeiro mês, o podcast gerou mil downloads. Robert e eu ficamos surpresos com o fato de que mil pessoas realmente pararam para ouvir o programa de uma hora. No início de 2017, o podcast gerou cerca de cem mil downloads por mês. Toda segunda-feira à noite (horário do leste dos EUA), sai um episódio, e as anotações do programa são publicadas todo sábado como uma postagem no site do CMI (Figura 4.1). Em cada episódio há um patrocinador principal que envia conteúdo educacional para Robert e eu discutirmos e promovermos. A receita mensal varia de seis a dez mil dólares (às vezes o CMI tem dois patrocinadores por episódio).

Aluguel de lista de e-mails

Muitos assinantes por adesão voluntária do boletim eletrônico do CMI também se inscrevem para receber mensagens relevantes de parceiros. Toda quinta-feira, um parceiro do CMI adquire a lista de e-mails para promover um artigo técnico, um e-book ou alguma outra informação valiosa para os profissionais de marketing. O CMI distribui esse material em nome do parceiro e cobra um CPM (custo por mil) de cerca de trezentos dólares.

Webinars

Todo mês o CMI produz para seu público três webinars educativos patrocinados. Cada seminário online atrai entre quinhentas e mil inscrições, das quais cerca de 40% participam do evento ao vivo. O CMI trabalha em parceria com cada patrocinador para garantir que o conteúdo do seminário online esteja alinhado às necessidades dos participantes, bem como às metas do patrocinador. Em média, o investimento no webinar é de 19 mil dólares.

Figura 4.1	Os downloads do podcast *This Old Marketing* aumentaram constantemente desde 2013

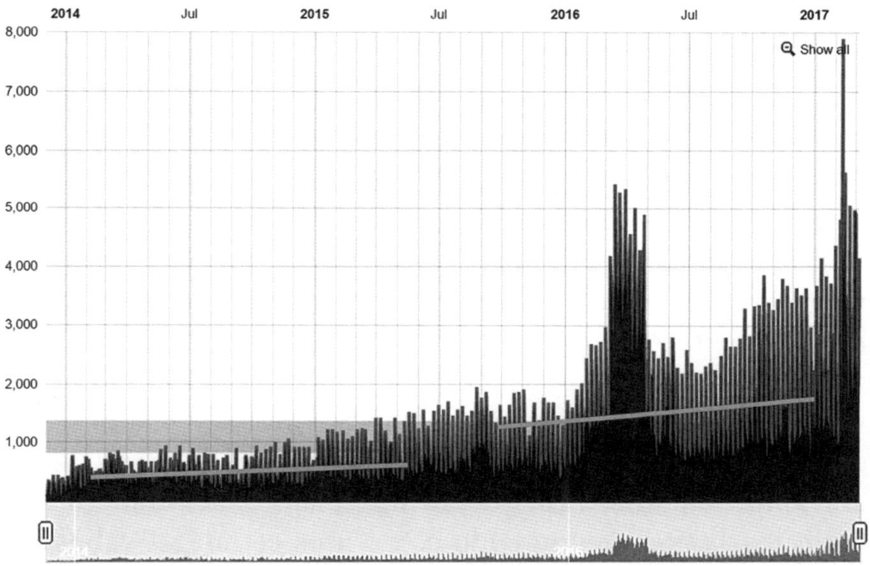

Artigos técnicos

O CMI abriga uma biblioteca de artigos técnicos que promove o conteúdo educativo e útil de seus parceiros. Em geral, esses artigos têm de oito a doze páginas, e os leitores podem baixá-los gratuitamente em troca de seu endereço de e-mail. Isso significa que os leitores dão ao patrocinador permissão para contatá-los (por e-mail) em troca das informações valiosas fornecidas no artigo.

Eventos virtuais

Todo mês de fevereiro, o CMI produz um evento virtual gratuito ao vivo chamado ContentTECH, que dá destaque às mais recentes tecnologias de marketing de conteúdo. Em 2017, o CMI teve quatro mil participantes inscritos e 12 patrocinadores apoiando o evento, com receita de mais de cem mil dólares para o CMI.

Mídia impressa

Revista *Chief Content Officer*

A revista *Chief Content Officer* (*CCO*) foi lançada em janeiro de 2011. Em 2017, a *CCO* distribuiu 30 edições para 20.000 profissionais de marketing cada, em que cerca de 60% do público recebeu a versão impressa e o restante, a versão digital. A *CCO* é fundamental para a estratégia geral do CMI, pois o conteúdo da revista e o conteúdo da plataforma original (o blog) estão totalmente integrados.

A ideia original da *CCO* era alcançar os diretores de marketing e outros profissionais de marketing com responsabilidade orçamentária pelo marketing de conteúdo. A estratégia era simples: ponha a revista em suas mãos e eles começarão a ver o marketing de conteúdo como uma estratégia valiosa de entrada no mercado e a financiar recursos de conteúdo dentro da empresa.

A revista tem entre 40 e 64 páginas. O custo depende do número total de páginas, do número de páginas editoriais e da tiragem total, mas geralmente o custo do CMI com a publicação é de, no mínimo, quarenta mil dólares por edição. Os parceiros do CMI pagam anúncios de página inteira e de meia página em todas as edições, e alguns profissionais internacionais de marketing pagam para receber a revista no exterior. Em geral, cada edição gera um pequeno lucro para o CMI.

Ideias

O grupo de ideias do CMI é nossa receita auxiliar, que inclui treinamento online, serviços de consultoria, pesquisas e prêmios.

Compreenda o orçamento da mídia impressa

É fundamental compreender o orçamento por trás do que faz uma revista dar certo. Dentre as áreas a levar em conta, temos:

- **Gestão do projeto.** A que se paga para alguém supervisionar a produção da revista.
- **Editorial.** O custo bruto do conteúdo (que inclui colaboradores externos), o custo de gestão editorial e o custo de revisão.
- **Programação visual.** Alguém para produzir e diagramar o projeto gráfico da publicação.
- **Fotos e ilustrações.** Investimento em qualquer ensaio fotográfico ou criação de gráficos personalizados.
- **Custo do banco de dados.** Cobrança que garante que a lista de endereços do público-alvo esteja atualizada.
- **Impressão.** Custo para imprimir a publicação.
- **Remessa.** Despesa com o correio para enviar cada edição.
- **Entrega.** Quaisquer taxas de envio em massa da gráfica para o local da empresa.
- **Comissões.** Se a revista for sustentada pela receita de publicidade, você terá de pagar comissão ao vendedor. Em geral, a taxa de comissão varia de 8% a 10% para um funcionário e de 20% a 25% no caso de vendedores autônomos que arcam com seu custo próprio.

Treinamento online

O CMI lançou um programa de treinamento online em 2015 para, especificamente, oferecer cursos e treinamento aos profissionais de marketing que não poderiam participar de um dos eventos presenciais do CMI, como o Content Marketing World. A CMI University aceita matrículas quatro vezes por ano (na forma de trimestres) e exige um investimento anual de 995 dólares por pessoa. Além disso, o CMI vende pacotes corporativos para empresas que queiram instruir todo o seu departamento de marketing. Até o momento, mais de mil profissionais de marketing se matricularam e concluíram o curso.

Serviços de consultoria

Embora todo dia o CMI ofereça conteúdo educacional sobre a abordagem do marketing de conteúdo, algumas empresas querem uma abordagem mais prática. O CMI trabalhou com empresas como AT&T, Petco, Gates Foundation, Capital Group, Citrix, SAS, Dell, Adobe, Abbott e muitas outras em sessões de treinamento personalizadas. Essas sessões presenciais de consultoria custam entre 15.000 e 45.000 dólares por envolvimento, dependendo do que for feito.

Pesquisa

Mais websites têm links para as pesquisas originais do CMI do que para qualquer outra coisa que o CMI já tenha produzido. Em 2009, o CMI estabeleceu uma parceria com a MarketingProfs para criar e distribuir um estudo anual de referência sobre a abordagem do marketing de conteúdo. A pesquisa é realizada em junho de cada ano. O CMI libera os resultados anuais iniciais durante o Content Marketing World (setembro) e depois publica, nos 12 meses seguintes, sub-relatórios que incluem B2B, B2C, organizações sem fins lucrativos, empresas, microempresas, indústrias e muito mais.

Cada relatório é transformado num livro eletrônico de quarenta páginas patrocinado por um parceiro do CMI (aproximadamente 15 mil dólares por relatório). Além disso, o CMI produz pequenos projetos de pesquisa para marcas líderes, nos quais o instituto envia o estudo ao público e, em seguida, elabora e distribui o relatório. Esses relatórios patrocinados variam de vinte mil a quarenta mil dólares por projeto.

Content Marketing Awards

Em 2012, o Content Marketing Institute firmou parceria com uma agência externa que possuía um programa de prêmios de marketing de conteúdo chamado Magnum Opus Awards. Esses prêmios eram o maior programa do setor, e o CMI foi remunerado com base na receita de afiliados por promover o programa de prêmios (o CMI recebeu uma porcentagem da receita de cada inscrição).

Em 2014, o CMI adquiriu o programa Magnum Opus Awards e mudou seu nome para Content Marketing Awards. Todo ano, mais de 400 organizações fazem mais de 1.200 inscrições, e o CMI trabalha com 100 juízes voluntários em 91 categorias de marketing de conteúdo. O programa de prêmios gera cerca de quatrocentos mil dólares em receita total, além de inúmeras oportunidades de criação de conteúdo e uma noção incrível sobre o setor.

• • •

Em suma, o Content Marketing Institute conseguiu monetizar seu público fiel de várias maneiras com uma taxa de crescimento elevada e, ao mesmo tempo, cada iniciativa se esforça para ajudar a comercializar outras ofertas lucrativas do CMI (os seminários on-line promovem eventos presenciais, os eventos presenciais promovem os prêmios etc.). O CMI acredita que, desde que se possa criar e nutrir um público/comunidade fiel, praticamente qualquer produto ou serviço relevante poderia, em tese, ser lançado como um empreendimento lucrativo, desde que o CMI continue cumprindo a promessa que faz aos leitores.

O MODELO DE RECEITA DO MARKETING DE MÍDIA

Como discutido no Capítulo 3, o novo modelo de marketing e o novo modelo de mídia são iguais. Depois de criado o público fiel, há dez maneiras distintas de monetizá-lo (cinco diretamente e cinco indiretamente, satisfazendo as metas de Ganhar, Manter ou Crescer), como mostra a Figura 4.2.

Figura 4.2	O modelo de receita do marketing de mídia: dez maneiras para uma empresa gerar receita com um público fiel

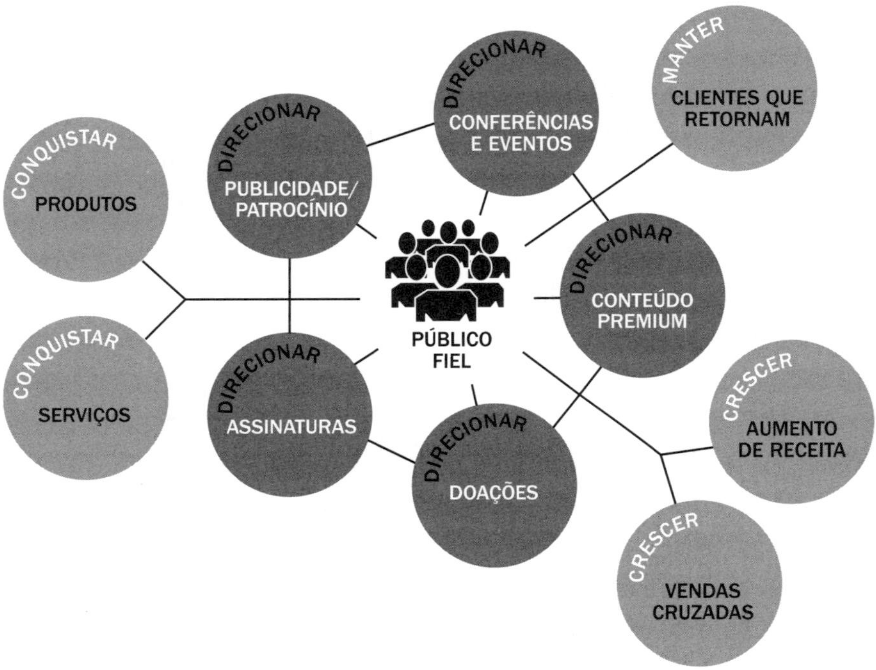

RECEITA DIRETA

Existem cinco métodos diferentes para as empresas gerarem receita diretamente com o público-alvo: publicidade/patrocínio, conferências e eventos, oferta de conteúdo *premium*, doações e assinaturas.

Publicidade/Patrocínio

O método mais popular de gerar receita direta é com programas de publicidade e patrocínio: empresas dispostas a pagar por acesso direto ao seu público.

Publicidade tradicional

- **Ann Reardon.** A rainha da culinária do YouTube, agora com mais de três milhões de inscritos em seu canal "How to Cook That", obtém a maior parte de sua receita com os *royalties* de publicidade na plataforma. Com pouquíssimos recursos, Ann conseguiu diferenciar sua mensagem ao concentrar-se no que chama de "criações culinárias impossíveis".

- **Society of Fire Protection Engineers (SFPE).** A Society of Fire Protection Engineers (SFPE), principal associação de engenheiros de prevenção de incêndios, envia trimestralmente a revista impressa *Fire Protection Engineering* a 13.000 associados e assinantes, e obtém um lucro saudável com a publicidade tradicional na revista. A associação utiliza o lucro para investir em pesquisas e programação educativa.

- **Red Box.** O popular serviço de distribuição de DVDs, dentro ou fora de lojas físicas, oferece aos clientes um boletim eletrônico voltado para novos lançamentos de filmes e jogos. Cada boletim inclui um ou vários patrocinadores (em geral, promovendo seus próprios jogos e filmes) que pagam à Red Box para atingir seu público-alvo.

- **Kraft Foods.** A Kraft Foods (que pertence à Kraft Heinz) conta com uma das principais coleções de marcas de alimentos do mundo, a KraftRecipes.com. A empresa emprega 20 culinaristas que trabalham com produtos Kraft todos os dias. Há bem mais de trinta mil receitas no site da empresa, que gera receita direta com publicidade, além dos anúncios impressos na sua revista *Kraft Food & Family*.

Publicidade nativa/conteúdo patrocinado

A Sharethrough define publicidade nativa como uma forma de mídia paga na qual a experiência do anúncio segue a forma e a função naturais da experiência do usuário em que é colocada. Em termos simples, o anúncio se parece com o conteúdo. Pode ser um conteúdo pago que se pareça com um artigo num site de mídia ou uma postagem no LinkedIn exatamente igual a todas as outras atualizações das pessoas que você segue.

Até as maiores marcas de mídia do mundo, como o *Wall Street Journal*, estão gerando receita substancial com conteúdo patrocinado. De acordo com o *New York Times*, empresas jovens de mídia, tais como a Vice, geram a maior parte da receita com conteúdo patrocinado, enquanto a *Atlantic* e a *Slate* dizem que o conteúdo patrocinado representa mais de 50% do fluxo de receita digital.

A publicidade nativa/conteúdo patrocinado está crescendo como parte do setor mais amplo da publicidade por alguns motivos:

- Marcas de mídia e plataformas sociais (como LinkedIn e Facebook) estão oferecendo agressivamente produtos de publicidade nativa.
- Hoje, as marcas gastam cerca de 25% a 30% de seu orçamento em iniciativas de marketing de conteúdo. As marcas começaram a fazer disso uma prioridade; portanto, a publicidade nativa é vista como oportunidade viável.
- Quando feito de forma correta, pode funcionar. Por exemplo, a maior parte da receita do BuzzFeed vem da publicidade nativa, e essa estratégia tem sido tão bem-sucedida que a empresa conseguiu gerar receita com um ágio substancial acima da publicidade online tradicional.
- Há uma paixão renovada pela publicidade nativa na comunidade publicitária. Essa "nova publicidade" (embora não sendo realmente nova) deu aos compradores de mídia do mundo inteiro a esperança de que algo pode ter um desempenho melhor do que um *banner*.

Alguns exemplos de conteúdo patrocinado na prática:

- **Forbes**. Grandes empresas, como a SAP, pagam à Forbes uma taxa mensal pela oportunidade de publicar conteúdo semelhante a conteúdo editorial como parte do programa Forbes BrandVoice. Esses programas custam mais de 75.000 dólares por mês para os patrocinadores.
- **Conan O'Brien.** Conan e seu site Team Coco vêm produzindo conteúdo patrocinado em seu programa noturno há anos. Numa situação, Conan e seu companheiro Andy Richter conversam sobre os problemas da "Cyber Monday", que resultam numa divulgação do PayPal.
- **The Onion**. Esse website satírico gera a maior parte de sua receita com programas de conteúdo, como "Woman Going to Take Quick Break After Filling Out Name, Address on Tax Forms" (Mulher faz pausa rápida depois de preencher nome e endereço na declaração do imposto de renda), subscrito pela H&R Block, empresa americana que faz declarações (ver a Figura 4.3).

Patrocínios

Embora os anúncio costumem envolver a interrupção da experiência do usuário com uma promoção de produto ou conteúdo, o patrocínio subscreve determinado conteúdo e geralmente vem de uma só empresa. Os benefícios do patrocínio incluem *leads* (downloads patrocinados) e/ou reconhecimento da marca (pelo patrocínio de um podcast ou programa de televisão).

- **Content Marketing Institute (CMI).** O CMI prefere o modelo de patrocínio ao de publicidade na maior parte de seus produtos.
    - Podcast — cada episódio conta com um patrocinador individual.
    - Relatórios de pesquisa — cada relatório tem um patrocinador.
    - Webinars — cada webinar recebe um único patrocinador.

Figura 4.3	A rede de notícias satíricas The Onion oferece oportunidades de conteúdo patrocinado a vários de seus parceiros — neste caso, a H&R Block

90° Don't worry about it

the ONION®
America's Finest News Source

A.V. CLUB CLICKHOLE

VIDEO · POLITICS · SPORTS · BUSINESS · SCIENCE/TECH · LOCAL · ENTERTAINMENT · search

RECENT NEWS

Coalition Of Buzzed Cousins Issues Annual Greatest Nation On Earth Rankings

Magical Office Worker Able To Turn Everything He Touches Into More Work For Colleagues

U.S. Government Sets Aside 600,000 Acres Of Pristine Land For Future Generations To Pollute

Anthropologists Classify 43 New Species Of Weirdo Within Subway Ecosystem

New Department Of Agriculture Study Finds 85% Of U.S. Farmers Woefully Kicking At Dirt

RECENT VIDEOS

Pigeon Wishes Just Once It Could Complete Head Movement Smoothly

Last-Ditch Dating Website Simply Asks Users To Check 'Yes' If They Have Open Sores

SPONSORED POST · H&R Block · 04/03/2014

I hereby approve this commercial endeavor as fit for publication in The Onion newspaper. May the ox of journalism always be yoked to the cart of commerce.

Yours in avarice,
T. Herman Zweibel
Publisher Emeritus, The Onion

Woman Going To Take Quick Break After Filling Out Name, Address On Tax Forms

61
40
0

RUSHLAND, PA—After chipping away at her 2013 income tax return Thursday evening by entering her full name and current address into the appropriate boxes, Christine Brooks, 26, announced her intention to take a quick break. "I hate to stop the momentum I've built up since I started sinking my teeth into this 1040, but it's important to clear your head from time to time so you don't end up making any careless mistakes," said Brooks while attempting to unwind

- ***Mike & Mike*, da ESPN.** O popular programa matinal de rádio e televisão (distribuído para outras rádios e transmitido ao vivo pela ESPN2) é patrocinado há anos pela Progressive Insurance. A ESPN faz isso com vários programas ao vivo, como *Pardon the Interruption* (PTI), em geral patrocinado pela Captain Morgan ou por outra empresa de bebidas alcoólicas.

Conferências e eventos

De acordo com a pesquisa do CMI/MarketingProfs, cerca de 7 em 10 empresas criam e gerenciam seus próprios eventos. Alguns deles são pequenas reuniões de clientes, enquanto outros são eventos em grande escala, com salas de exposições e sessões simultâneas. A receita, em grande medida, vem das inscrições pagas ou de patrocínios, como festas ou espaço para exposições.

- **The Chicken Whisperer (O encantador de galinhas).** Andy Schneider é o rei das aves domésticas e se tornou a principal referência para toda e qualquer coisa relacionada a frangos. Quando começou a criar galinhas no quintal em Atlanta, ele começou a vendê-las diretamente aos amigos e depois no site Craigslist. Havia muitos interessados em criar galinhas, mas precisavam de muita formação só para começar. Assim, Andy promoveu um "encontro" em Atlanta para responder a perguntas desses interessados em criar aves domésticas no quintal.

  A partir daí, Andy transformou a plataforma Chicken Whisperer num livro, numa revista (com mais de 60.000 assinantes) e num programa de rádio, que já dura mais de sete anos e tem mais de 20.000 assinantes semanais. Ele também viaja pelo país fazendo apresentações, parte principal de seu mix de receita, patrocinadas exclusivamente pela Kalmbach Feeds, fabricante de rações e seu principal apoiador financeiro.

- **Minecon**. A Minecon é o evento oficial do Minecraft, o jogo de construção online da Microsoft para vários jogadores. Em 2016, o evento anual atraiu 12.000 participantes e os ingressos se esgotaram em minutos (160 dólares cada), bem como um salão de exposições com tecnologia e merchandising mais recentes do Minecraft (no qual a Microsoft cobra taxas de estandes de patrocinadores e de parceiros).

- **Lennox Live.** A Lennox é uma das maiores fabricantes de equipamentos de aquecimento e de ar condicionado do mundo. Todos os anos ela atrai os principais fornecedores e distribuidores dos Estados Unidos e oferece informações sobre tecnologia, marketing e práticas de negócios. Dentre os expositores, temos empresas parceiras como a Honeywell, a Cintas e a Fluke. A Lennox gera receita diretamente com a taxa paga pelos participantes, além de diversas empresas parceiras entre fabricantes e prestadoras de serviços.

- **Adobe Summit.** O Adobe Summit é um dos maiores eventos de marketing digital do planeta. Em 2017, a Adobe atraiu mais de dez mil participantes para saber mais sobre a tecnologia mais recente de marketing digital. Entre os patrocinadores, estavam Accenture, Deloitte, Microsoft e IBM. O preço cheio da inscrição era de 1.895 dólares por participante. Sozinho, esse evento gera facilmente uma receita de mais de dez milhões de dólares para a Adobe.

Conteúdo Premium

Os pacotes de conteúdo *premium* têm várias formas, como produtos de conteúdo direto para venda, conteúdo financiado adquirido sob demanda e oportunidades de distribuir conteúdo por meio de agências.

Produtos de Conteúdo

- **Digital Photography School (DPS).** Darren Rowse lançou a DPS como a fonte principal de informações para fotógrafos iniciantes sobre como tirar o máximo proveito de sua habilidade de tirar fotos. A DPS gera milhões por ano desenvolvendo e-books *premium* e relatórios especializados para venda direta. A venda de conteúdo *premium* da DPS se tornou essencial na estratégia de monetização da empresa.

- **BuzzFeed (Tasty).** Os vídeos de culinária do BuzzFeed, montados em *time lapse*, já foram vistos mais de 40 bilhões (bilhões com *b*) de vezes nos últimos dois anos. Uma das maneiras para o BuzzFeed monetizar esse sucesso é com livros de culinária personalizados. Em 2016, o BuzzFeed lançou o livro impresso *Tasty: The Cookbook*, que pode ser personalizado pelos compradores, dependendo de seu gosto culinário. Em poucas semanas, o BuzzFeed vendeu mais de cem mil exemplares do livro.

Vendas de Conteúdo Financiado

- **Cleveland Clinic.** A Cleveland Clinic, uma das maiores redes de hospitais do mundo, tornou-se uma das principais editoras do setor de saúde com sua plataforma *The Health Hub*. Por conta dessa experiência, o Google procurou a Cleveland Clinic para criar conteúdo escrito sobre tópicos específicos da assistência médica que, na opinião do Google, tinham resultados de pesquisa inadequados.

- **Foodable TV.** Essa entidade publica diversos documentários e séries sobre comida, desenvolvidos e comprados por empresas como a Netflix e a Amazon Prime.

Conteúdo distribuído por agências

A distribuição de conteúdo por agências acontece quando, depois de criado, o conteúdo é publicado em websites de terceiros mediante o pagamento de uma taxa.

- **Red Bull.** O "Content Pool" da Red Bull contém milhares de vídeos, fotografias e músicas cujos direitos empresas de mídia e produtores de conteúdo podem adquirir diretamente da Red Bull.

- **Yahoo! News.** Embora o Yahoo! tenha um departamento editorial completo para criar conteúdo original, muito do que você encontrará no site é conteúdo distribuído por agências pago diretamente a empresas como MSNBC, Newsweek e Reuters.

Doações

Em geral, as doações funcionam melhor quando subsidiam a publicação de organizações sem fins lucrativos e com uma causa.

- ***America's Test Kitchens.*** *America's Test Kitchens* e *Cook's Country* são programas de televisão de transmissão pública, os dois com assinantes patrocinadores que cobrem quase todo o custo de produção.

- **Revista *Penn Stater* (Penn State University).** A revista *Penn Stater*, da associação de ex-alunos da Pennsylvania State University, é publicada desde 1910 e distribuída a cada dois meses entre ex-alunos da Penn State (eu, inclusive). A razão da existência da revista é a geração de doações diretas para dar suporte à Associação de Ex-Alunos e à própria universidade.

- **Pro Publica.** A Pro Publica (http://www.propublica.org/) é uma organização sem fins lucrativos que utiliza seu financiamento para desenvolver jornalismo investigativo que a entidade julga importante para o público. Fundada por Paul Steiger, ex-editor administrativo do *Wall Street Journal*, a Pro Publica emprega mais de cinquenta jornalistas e recebe seu principal financiamento da Sandler

Corporation, que se comprometeu a fornecer os recursos durante vários anos após o lançamento do Pro Publica em junho de 2008. A entidade também aceita doações contínuas de qualquer pessoa que acredite na causa da organização.

- **Charity Water.** A narrativa inspiradora da Charity Water permitiu que a organização arrecadasse mais de 150 milhões de dólares nos últimos cinco anos.

Financiamento coletivo

Em 2008, Kevin Kelly escreveu um ensaio incrível (e agora muito popular) chamado "1,000 True Fans" (mil fãs verdadeiros) no qual dá vários exemplos de como escritores obtiveram financiamento para suas publicações. Hoje em dia, isso é muito mais fácil, com programas como o Kickstarter e o GoFundMe. No ensaio, Kelly extrai esse exemplo de Lawrence Evans:

> Em 2004, o escritor Lawrence Watt-Evans usou [financiamento coletivo] para publicar seu romance mais recente. Ele pediu que seus Fãs Verdadeiros pagassem coletivamente cem dólares por mês. Quando recebia os cem dólares, ele publicava o capítulo seguinte do romance. O livro inteiro foi publicado online para seus Fãs Verdadeiros e, mais tarde, impresso para todos os fãs. Agora ele escreve um segundo romance dessa maneira.

Assinaturas

As assinaturas diferem do conteúdo *premium*; pagas pelo consumidor, prometem o fornecimento contínuo de conteúdo por um período (geralmente, um ano).

- ***New York Times.*** Grande parte da reviravolta do *New York Times* (a partir da diminuição da publicidade impressa) é o aumento dos assinantes digitais do jornal. De acordo com a Quartz, o *New York Times* acrescentou cerca de um milhão de assinantes digitais nos últimos dois anos, com um crescimento de 276.000 (o maior desde o lançamento do programa de assinantes) depois da eleição do presidente Donald Trump.

- **Energy University (Universidade da Energia) da Schneider Electric.** Como Robert já discutiu, a Schneider Electric lançou a Energy University há dez anos como recurso educacional online gratuito que oferece uma extensa biblioteca de vídeos de treinamento sobre uso de energia, avanços técnicos em vários setores, soluções de gestão para desafios de consumo de energia e outros tópicos relacionados. A universidade oferece quase quinhentos cursos e tem mais de quinhentos mil inscritos, que fizeram mais de 750.000 cursos desde o lançamento do site. Os cursos são traduzidos para diversos idiomas, o que dá à Energy University alcance global. Seu impacto inclui a atuação como fonte de novos negócios para a empresa e de ideias sobre as necessidades dos clientes nos mercados regionais, auxílio na contratação de novos funcionários da Schneider e, claro, dar informações ao público sobre os avanços no campo da engenharia elétrica. Recentemente, a Schneider começou a vender conteúdo da Energy University por assinatura. Os primeiros relatórios são positivos.

RECEITA INDIRETA

Embora as opções de receita direta tenham sido tradicionalmente consideradas parte do modelo da empresa de mídia, as receitas indiretas se enquadram na abordagem conhecida como marketing de conteúdo ou criação de conteúdo e na criação de relacionamentos com o público para financiar as metas de negócios organizacionais.

RECEITA PARA CONQUISTAR

A receita para conquistar inclui a criação e a distribuição de conteúdo com o objetivo de vender produtos ou serviços específicos.

Produtos

Dentre os exemplos de organizações que vendem produtos para o seu público fiel, temos:

- **Chili Klaus.** Claus Pilgaard, também conhecido como Chili Klaus, é uma das celebridades mais conhecidas na Dinamarca, tudo por causa da maneira extraordinária como fala sobre pimentas picantes (*chili peppers*). Os vídeos de Claus no YouTube tiveram milhões de visualizações, como um em que Claus rege a Orquestra Sinfônica Nacional Dinamarquesa tocando o "Tango Jalousie" enquanto comem as pimentas mais picantes do mundo. Só esse vídeo teve mais de três milhões de visualizações (observe que isso representa mais da metade da população da Dinamarca).

  Com o sucesso, Claus lançou um conjunto de produtos com a marca Chili Klaus, como chips de pimenta, molho de pimenta, alcaçuz de pimenta e dezenas de outros.

- **Indium Corporation.** A Indium, multinacional com sede no norte do estado de Nova York, desenvolve e fabrica materiais utilizados principalmente na indústria de montagem de aparelhos eletrônicos. Em essência, a empresa desenvolve materiais de solda para impedir que os componentes eletrônicos se separem.

  Rick Short, diretor de comunicações de marketing da empresa, sabia que os funcionários da Indium tinham mais conhecimento sobre equipamento de solda industrial do que qualquer outra empresa do mundo. Faz sentido: soldagem é a área de conhecimento para a qual a Indium fabrica a maioria de seus produtos. A empresa acreditava que, se publicasse o seu conhecimento regularmente, atrairia novos clientes e teria a oportunidade de vender mais produtos. Hoje, a Indium, com o seu blog *From One Engineer to Another* (de um engenheiro a outro), tem 21 blogueiros e mais de 70 blogs. Em resumo, é assim que ela se lança no mercado hoje, e o blog é essencial para o crescimento contínuo da empresa.

- **Copyblogger**. Brian Clark lançou o Copyblogger em 2006 como um recurso educacional para escrever na internet. Nos anos seguintes, o Copyblogger atraiu mais de 100.000 assinantes para o conteúdo diário do blog. Alguns anos depois, a empresa lançou o Rainmaker, um sistema de gestão de conteúdo. Mais de 90% das vendas do Rainmaker vêm de assinantes do Copyblogger. Hoje, o Rainmaker é um dos produtos de software de marketing como serviço (*software as a service*, SaaS) que mais cresce no mercado.

- **L'Oreal (Makeup.com).** A L'Oreal, conglomerado global de maquiagem, comprou o Makeup.com da Live Current Media por mais de 1 milhão de dólares em 2010. De acordo com a McKinsey, a L'Oreal aproveitou a ideia de ensinar aos consumidores como aplicar corretamente a maquiagem, e o resultado foi o início do relacionamento com possíveis clientes em período bem inicial da jornada do comprador.

- **Alpha Universe da Sony.** O Alpha Universe da Sony é uma plataforma de conteúdo dedicada aos profissionais da fotografia, mas não se concentra nos produtos Sony; o seu foco são as informações úteis e educativas. Depois de lançar um blog, a Sony diversificou e criou um podcast e uma universidade de formação. O objetivo do site é aumentar a venda de produtos da linha de câmeras Alpha, da Sony.

- **Moz.** Rand Fishkin, presidente executivo do Moz (originalmente chamado SEOMoz), lançou seu blog com ideias sobre otimização de mecanismos de busca em 2004. Em menos de cinco anos, o Moz reuniu mais de 100.000 assinantes por e-mail.

  A princípio, Rand monetizou seu público oferecendo serviços de consultoria; mas em 2007, o Moz lançou um serviço beta de assinatura para a venda de ferramentas e relatórios de software. Em 2009, o Moz fechou totalmente o negócio de consultoria e se concentrou na venda de software para seu público; em 2015, tinha se transformado numa empresa de 30 milhões de dólares.

- **Missouri Star Quilt Company.** Jenny Doan é cofundadora da Missouri Star Quilt Co., uma loja de colchas de retalhos em Hamilton que dispõe da maior seleção de tecidos pré-cortados do mundo. Para promover as vendas que vinham caindo, Jenny criou tutoriais em vídeo sobre a feitura dos *quilts* para postar no YouTube.

  O canal atraiu mil inscritos no primeiro ano, dez mil no segundo e hoje tem mais de 350.000 inscritos. Os vídeos de Jenny chegaram a dois milhões de visualizações e geraram novo tráfego para o seu website, com uma média de duas mil vendas online por dia e fazendo da empresa a maior fornecedora global de tecidos pré-cortados.

Produtos — Vendas de filiados

- **Entrepreneur on Fire (EOF).** A EOF é uma série diária popular de podcasts dirigida por John Lee Dumas. John promove diversas empresas que lhe pagam uma taxa de filiação por clique ou pela venda real do produto. Todo mês, a EOF publica o seu balanço financeiro no blog. Eis uma amostra apenas da renda de filiados no mês de fevereiro de 2017.

Renda de filiados: US$ 91.155
Recursos para Empreendedores: US$ 73.098

- Audible: US$ 172
- AWeber: US$ 104
- Bluehost: US$ 600 (*guia passo a passo e 23 tutoriais de WordPress*)
- ClickFunnels: US$ 64.892
- Indicações de treinamento: US$ 4.775
- Modelo de aviso de isenção de responsabilidade (*disclaimer*): US$ 44 (*texto jurídico de isenção de responsabilidade para o seu website*)
- Easy Webinar: US$ 438
- Fizzle: US$ 837
- Leadpages: US$ 1.088
- SamCart: US$ 148

Cursos para empreendedores: US$ 15.371

- Create Awesome Online Courses, do DSG: US$ 8.245
- Launch Blueprint, de Eben Pagan: US$ 635
- Your Best Year Ever, de Michael Hyatt: US$ 4.234
- Your First 10k Readers, de Nick Stephenson: US$ 306
- Tribe: Create Recurring Revenue: US$ 1.432
- 10k Subscribers, por Bryan Harris: US$ 519

Recursos para *podcasters*: US$ 915

- Libsyn: US$ 730
- Smart Podcast Player, de Pat Flynn: US$ 120
- Curso da UDemy para produção profissional de podcasts: US$ 65

Outros recursos: US$ 1.771

- Associados Amazon: US$ 1.227

- Outros: US$ 544

- **The Wirecutter.** O Wirecutter, website de divulgação de ofertas e engenhocas, foi comprado pelo *New York Times* em 2016 por 30 milhões de dólares. O website ganha algum dinheiro toda vez que um produto recomendado por ele é vendido. E essas transações se somam: em 2015, a empresa gerou mais de 150 milhões de dólares com a receita de afiliados.

Produtos — Dados

Se há um produto cuja venda é mais fácil para as empresas de mídia, são os dados. Com acesso ao público e ao seu comportamento, a empresa pode embalar e vender essas informações de diversas maneiras.

- **GIE Media.** A GIE é uma empresa de mídia comercial com público no setor de paisagismo (entre outros). Todo ano, ela investe bastante no banco de dados de assinantes e conhece praticamente todos os compradores e influenciadores das principais áreas de produtos. Então, a GIE vende o acesso a esses dados a grandes marcas, tanto no modelo único quanto no de assinatura.

- **Advance Publications.** A Advance é uma das maiores empresas privadas de mídia dos Estados Unidos, com centenas de canais, como Reddit, Pitchfork e Charter Communications. O resultado disso dá à empresa noções sobre mais de 50 milhões de pessoas. A partir daí, a Advance pode vender a empresas dados de vários setores sobre públicos específicos, como participação no mercado, caminho para a aquisição de dados e como e o que a base de clientes compra, além de tendências e informações de dados locais para varejistas.

Serviços

- ***Game Theory.*** Matthew Patrick criou a ideia da *Game Theory* (teoria dos jogos) quando assistia a um programa online sobre aprendizagem por meio de jogos. *Game Theory* se tornou uma série de vídeos semanais no YouTube que combinavam a paixão de Matthew por jogos e videogames ao seu conjunto de habilidades em matemática e estatística.

  Depois de 56 episódios num período de um ano, Matthew tinha um público de 500.000 inscritos no YouTube interessados em sua opinião sobre o funcionamento da matemática nos jogos. Por exemplo, o episódio "How PewDiePie Conquered YouTube" (Como PewDiePie [celebridade dos vídeos online] conquistou o YouTube) gerou mais de cinco milhões de visualizações. O episódio "Why the Official Zelda Timeline Is Wrong" (Por que a linha do tempo oficial de Zelda está errada) teve mais de quatro milhões de downloads.

  Hoje, a marca Game Theory de Matthew Patrick tem mais de oito milhões de inscritos. Com esse sucesso, Matthew lançou a Theorists Inc., empresa de consultoria especializada que trabalha com grandes marcas que desejam ter sucesso no YouTube. A Theorists Inc. foi contratada diretamente por alguns dos maiores astros do YouTube no mundo para ajudá-los a atrair mais espectadores, além de várias empresas entre as 500 maiores da revista *Fortune*. Mesmo o poderoso YouTube contratou a Theorists para uma consultoria direta que o ajudasse a reter e aumentar o seu público.

- **Zappos Insights.** A Zappos, sapataria comprada pela Amazon.com, lançou a Zappos Insights como uma entidade comercial separada sob a marca Zappos. À medida que a história da transformação cultural do presidente executivo Tony Hsieh ficou mais conhecida (com seu livro e suas palestras), a Zappos começou a receber mais pedidos de ajuda na área de transformação cultural. Conforme mais e mais empresas entravam em contato com a Zappos, seus líderes simplesmente não conseguiam acompanhar a demanda e viram a oportunidade de negócio diante deles. A Zappos Insights oferece serviços de consultoria, treinamento, assessoria e mentoria como parte de sua cesta de produtos.

RECEITA PARA MANTER

De todos os geradores de receita desta abordagem, a receita para manter ou fidelizar é a mais antiga de todas e importantíssima até hoje. No princípio, empresas de todos os tamanhos lançaram revistas impressas para manter a fidelidade de seus clientes ao longo do tempo.

- **Revista *The Furrow* da John Deere.** A John Deere lançou a revista *The Furrow* em 1895. Ela ainda é publicada em formato impresso e digital em 14 idiomas e distribuída em quarenta países. O foco da *The Furrow* sempre foi ajudar os agricultores a aprender a tecnologia mais recente para fazer suas fazendas e negócios crescerem. Nos últimos cem anos, apenas alguns artigos falam dos produtos e serviços da John Deere.

- **Revista *LEGO Club*.** Nas décadas de 1980 e 1990, a LEGO enfrentou uma tremenda ameaça dos brinquedos de construção concorrentes e sabia que precisava criar uma marca potente e uma abordagem de marketing integrada para encarar esses imitadores de seus tijolinhos. Entre suas iniciativas incríveis de identidade visual e marketing de conteúdo está a revista *LEGO Club*, personalizada para os assinantes de acordo com a idade e o mercado local. A revista permite que crianças de qualquer idade recebam, num formato divertido e compacto, conteúdo segmentado que seja pertinente. Como uma extensão da oferta do LEGO Club (um dos maiores e mais populares clubes infantis do mundo), a LEGO trabalhou com afinco para melhorar a revista como produto em 2011, com mais histórias em quadrinhos dos tijolinhos LEGO em ação, maior integração das fotos dos clientes e alguns programas formidáveis nos pontos de venda da LEGO nas lojas e na nova Academia Master Builder. A revista *LEGO Club* foi lançada em 1987 como *Brick Kicks* (eu era assinante).

RECEITA PARA CRESCER

Uma vez conquistado o cliente, as empresas inovadoras aproveitam os seus dados para lhe fornecer publicações direcionadas e consistentes, essencialmente para criar clientes melhores no decorrer do tempo.

Aumento da receita

- ***thinkMoney*, da TD Ameritrade.** Embora muita gente ache que os serviços de investimento são conservadores e convencionais (principalmente no mercado complexo de derivativos), a revista *thinkMoney* segue uma abordagem diferente. Ela leva a sério o tema investimentos, mas não se leva a sério da mesma forma sombria de muitas empresas de Wall Street. Em vez disso, a *thinkMoney* adota uma abordagem de "simplicidade sofisticada", ousada sem ser superficial e espirituosa sem ser irreverente.

  A *thinkMoney* atinge mais de duzentos mil clientes investidores ativos e, de acordo com pesquisas, o cliente médio interage com a revista durante 45 minutos ou mais de cada vez. Mais de 80% dos leitores realizam alguma ação significativa após a leitura, e os assinantes que participam da publicação negociam cinco vezes mais títulos do que os outros.

Vendas cruzadas

- **Fold Factory.** Trish Witkowski, presidente executiva da Fold Factory, tornou-se uma celebridade no setor de mala direta com *The 60-Second Super Cool Fold of the Week* (A dobra superlegal da semana em 60 segundos), o seu programa regular de vídeo, no qual ela detalha exemplos impressionantes de mala direta impressa. Segundo o escritor e palestrante Andrew Davis, "seus mais de 250 vídeos renderam mais de um milhão de visualizações e mais de cinco mil inscritos. Além disso, a Trish se tornou porta-voz de diversas marcas, viaja o mundo todo como palestrante e faz oficinas".

  Os vídeos da Fold Factory foram diretamente responsáveis por mais de quinhentos mil dólares de receita adicional.

• • •

As empresas mais bem-sucedidas do futuro não aproveitarão somente uma parte, mas diversas partes do modelo de marketing de mídia. Assim como os investidores diversificam suas carteiras com múltiplas ações e/ou fundos mútuos, as empresas também precisam diversificar o fluxo de receita gerado pelo seu marketing.

Ideias lucrativas

- Depois de a empresa criar uma comunidade fiel e obter acesso direto ao público, existem dez maneiras diferentes de gerar receita com esse público.
- Em geral, as empresas começam aproveitando uma fonte específica de receita com um público específico e, depois que isso amadurece, começam a diversificar seu fluxo de receita em outras áreas.
- Tradicionalmente, as empresas de mídia aproveitam fontes de receita direta, enquanto as marcas que vendem produtos e serviços geram fontes indiretas. No futuro, a maioria das empresas, de mídia ou não, usará o mesmo modelo e gerará os dois tipos de receita.

Recursos lucrativos

- Andrew Jack, "There Are at Least Eight Promising Business Models for Email Newsletters", neimanlab.org, 10 de novembro de 2016, http://www.niemanlab.org/2016/11/there-are-at-least-eight-promising-business-models-for-email-newsletters/.
- Redbox Email Subscription Form, acessado em 24 de maio de 2017, https://www.redbox.com/email.
- John Herrman, "How Sponsored Content Is Becoming King in a Facebook World", nytimes.com, 24 de julho de 2016, https://www.nytimes.com/2016/07/25/business/sponsored-content-takes-larger-role-in-media-companies.html?_r=0.

Recursos lucrativos *(continuação)*

- "Conan's Sweater Gets Stolen", teamcoco.com, 4 de dezembro de 2014, 2017, http://teamcoco.com/video/conan-stolen-sweater/.
- Dan Shewan, "Native Advertising Examples: 5 of the Best (and Worst)", wordstream.com, última atualização em 10 de março de 2017, http://www.wordstream.com/blog/ws/2014/07/07/native-advertising-examples.
- Claus Pilgaard, entrevista a Clare McDermott, janeiro de 2015.
- Andy Schneider, entrevista a Clare McDermott, janeiro de 2015.
- Nate Birt, "The Do's and Don'ts of Content Syndication", scribblelive.com, 31 de março de 2016, http://www.scribblelive.com/blog/2016/05/31/dos-donts-content-syndication/.
- "1,000 True Fans", kk.org, acessado em 24 de maio de 2017, http://kk.org/thetechnium/1000-true-fans/.
- Ashley Rodriguez e Zameena Mejia, "Thanks to Trump, the *New York Times* Added More Subscribers in Three Months Than in All of 2015", qz.com, 3 de fevereiro de 2017, https://qz.com/901684/thanks-to-trump-the-new-york-times-added-more-subscribers-in-three-months-than-in-all-of-2015/.
- "EOFire's February 2017 Income Report", eofire.com, acessado em 24 de maio de 2017, https://www.eofire.com/income42/.

Recursos lucrativos *(continuação)*

- David Court, Dave Elzinga, Bo Finneman e Jesko Perrey, "The New Battleground for Marketing-Led Growth", McKinsey Quarterly, fevereiro de 2017, http://www.mckinsey.com/business-functions/marketing-and-sales/our-insights/the-new-battleground-for-marketing-led-growth.
- Laura Hazard Owen, "Think the Wirecutter Invented Affiliate Revenue? Meet the Mom Who's Been Doing It Since 2010", NiemanLab, 17 de fevereiro de 2017, http://www.niemanlab.org/2017/02/think-the-wirecutter-invented-affiliate-revenue-meet-the-mom-whos-been-doing-it-since-2010/.
- Crista Foley (Zappos), entrevista a Clare McDermott, janeiro de 2017.

CAPÍTULO 5

Modelo de Marketing com Economia de Mídia

ROBERT ROSE

O investimento em conhecimento paga o melhor juro.

Benjamin Franklin

O meu problema consiste em conciliar os meus hábitos brutos com o meu lucro líquido.

Errol Flynn

Um dos clichês mais comuns da TV é a cena de "aprimoramento de vídeo". Você já deve ter visto um milhão de vezes: o detetive e o especialista em tecnologia assistem a imagens granuladas de câmeras de vigilância e o detetive percebe algo estranho. "Melhore esse pedaço", diz. O especialista em tecnologia dá um *zoom* na placa do carro. Há algo ali. "Limpe e aprimore mais", diz o detetive. Então, magicamente, aquela mancha negra refletida nas gotículas de água na placa do carro se torna um rosto reconhecível. Eles descobriram a identidade do assassino, capturada com uma câmera de segurança que mal grava na resolução de um filme Super 8. Isso ficou tão ridículo que, num episódio do programa da FOX *Bones* (ossos), um dos técnicos escaneia um esqueleto em cujos ossos os vilões haviam gravado um "vírus fractal" codificado à mão. Sabe-se lá como, o escâner é magicamente programado para ler e executar de forma automática qualquer código encontrado nos ossos, e assim o vírus é carregado no computador, fazendo (estou falando sério aqui) o computador pegar fogo. Pois é. Ridículo.

Mas eis um fato divertido: essa possibilidade está se tornando real. Em 2014, cientistas prepararam um estúdio para fotos de passaporte com uma câmera de alta definição. Puseram algumas pessoas na frente do fotografado e, quando aumentaram o zoom, conseguiram distinguir todas as pessoas em pé atrás da câmera. Eles aprimoraram a foto, aumentaram o zoom e deu para distinguir, com bastante clareza, cada rosto separadamente. Toda a diversão que tivemos à custa desses seriados policiais pode estar prestes a fechar um ciclo. A tecnologia está ficando boa a ponto de fazer exatamente aquilo de que ríamos.

É uma metáfora interessante do ponto onde estamos, pois hoje buscamos redefinir completamente nossas funções de marketing. Hoje em dia, em muitos casos os recursos da tecnologia ultrapassam completamente a nossa imaginação e a capacidade de fazermos uso dessa tecnologia. O marketing pode adquirir, e frequentemente adquire, tecnologias que simplesmente não entendemos. Assim, hoje em dia é possível que nosso esforço de marketing fique totalmente concentrado em aumentar nossa eficiência no entendimento de todos os recursos que se pode obter com o uso de um software, em vez de resolver as dificuldades reais dos nossos clientes.

E, à medida que o software se torna mais sofisticado, nosso foco em perseguir a cauda da tecnologia só fica mais acentuado. Um estudo recente constatou que apenas 8% dos profissionais de marketing acreditam que têm todas as ferramentas necessárias e que as utilizam plenamente. Trinta e três por cento dos profissionais de marketing acreditam que não dispõem de todas as ferramentas necessárias, mas que utilizam plenamente as que possuem. O maior grupo, 34% desses profissionais de marketing, acredita que não dispõe de todas as ferramentas de que precisa *e* que não utiliza plenamente as que já possui.

Isso bate bem com a pesquisa que realizamos em 2016 no Content Marketing Institute. Analisamos especificamente as tecnologias relacionadas ao conteúdo e descobrimos que apenas 18% dos profissionais de marketing acreditavam que dispunham das tecnologias certas para gerenciar suas propriedades de mídia própria na empresa. Outros 45% disseram que dispunham das ferramentas, mas que não utilizavam todo o seu potencial. Além disso, quando perguntamos a esses profissionais qual era a prioridade das necessidades educacionais em relação ao conteúdo, o resultado esmagador (66%) foi aprender como utilizar melhor a tecnologia.

Os profissionais de marketing sofrem pressão crescente para obter cada vez mais eficácia em nossas tentativas de comunicação, e a tecnologia só aumenta o ônus do investimento. Precisamos encontrar maneiras melhores e mais estratégicas de obter mais eficácia (em oposição à eficiência) no que fazemos com dados e tecnologia.

O NOVO MODELO DE MARKETING COM ECONOMIA DE MÍDIA

Como Joe delineou no capítulo anterior, há muitas oportunidades para começar a impulsionar crescimento e receita com mídia própria. Mas também há um bom número de eficiências que podem ser impulsionadas. Ao analisarmos mais de perto a tecnologia e o valor dos dados de nossas iniciativas de marketing, começamos a perceber que o público pode ser um meio para obter muitas das outras coisas que precisamos realizar como empresa de maneira mais eficaz e eficiente. Combinadas à receita e ao crescimento dos resultados, essa economia de custo pode nos ajudar a obter um negócio muito mais rentável.

Analisemos a Kraft Foods por um momento. Há alguns anos ela é líder em marketing de conteúdo. Publica a *Food & Family*, revista geradora de receita que supera, constantemente, a *Food & Wine* em termos de circulação. Mas a verdadeira mágica não é a receita gerada pelo conteúdo; é a economia de custo da compra de mídia digital tradicional pela Kraft. A empresa utiliza os dados que extrai do público de seu banco de dados Online Recipes (receitas online) e obtém um retorno quatro vezes maior na compra de mídia digital tradicional.

Com o conteúdo e a tecnologia de dados, a Kraft rastreia mais de 22.000 atributos dos mais de 100 milhões de visitantes do website. São dois trilhões de pontos de dados, se você estiver fazendo as contas em casa. Com o uso desses dados, a empresa personaliza os anúncios digitais tradicionais e os concentra na aquisição de mídia muito mais programática. Como afirmou Julie Fleischer, na época diretora de dados, conteúdo e mídia, à revista *Ad Age* em 2014:

> Os dias de alcance livre e orgânico estão chegando rapidamente ao fim. Se não gastaria dinheiro com isso, então por que fazer? É como gritar ao vento sem emitir som nenhum... O conteúdo relevante e estrategicamente programado com os seus anúncios tornam o trabalho na publicidade mais difícil para você.

Como discutido no Capítulo 3, o novo modelo de marketing e o novo modelo de mídia são iguais (Figura 5.1). Depois de desenvolver um público fiel, podemos procurar sete maneiras de monetizar esse público para ajudar a reduzir custos. Como os modelos de receita, eles também se ajustam à estrutura Crescer, Manter e Conquistar.

Redução do custo de vendas

Uma das maiores oportunidades de analisar o valor do público fiel é ver como ele pode reduzir o custo das vendas.

Figura 5.1	Modelo de marketing com economia de mídia

Uma empresa de tecnologia B2B com que trabalhamos construiu um mecanismo eficiente de geração de *leads* de marketing direto aproveitando principalmente pesquisa paga (como o Google AdWords), eventos (escaneando crachás) e *webinars* de liderança de pensamento (aceitando inscrições).

Como muitas outras empresas de tecnologia, ela utilizava conteúdo e ativos de liderança de pensamento para ajudar a alimentar esse esforço pago. O tráfego pago do Google Ads levava a centros de recursos e demonstração nos quais, em troca de um endereço de e-mail, os possíveis clientes poderiam baixar um ou mais conteúdos de liderança de pensamento. A verificação de nomes nos crachás de conferências foi concedida, em princípio, em troca de uma bolinha de espuma antiestresse ou um *cappuccino* gratuito no estande da empresa. E os inscritos nos *webinars* online foram colocados em dois grupos. Os que assistiram receberam ligações diretas de vendedores, os que não assistiram receberam e-mails convidando-os a visitar o centro de recursos.

O desafio foi que a empresa percebeu que essas abordagens, além de ficarem mais caras, também perdiam eficácia. O custo de adicionar um nome ao banco de dados da empresa aumentou de uma média de 15 para 18 dólares cada e, finalmente, ultrapassou os vinte dólares por nome. Além disso, a qualidade desses dados diminuía rapidamente. Havia cada vez mais pseudorregistros, como mickeymouse@gmail.com e outros claramente falsos: os "dados" eram fornecidos apenas para obter acesso ao ativo.

O que a empresa não entendeu é que esse modelo de marketing sempre tenderá a um jogo de soma zero. Será sempre cada vez mais difícil atingir essas pessoas a partir do nada. O que não se diz é que muitas empresas acabam pagando duas, três e quatro vezes pela mesma informação falsa.

Em vez disso, mudamos o modelo. Trabalhamos com essa empresa na construção de uma plataforma, um centro de recursos integrado que agregava valor aos clientes, independentemente de comprarem alguma coisa. Quem respondia não era considerado um *lead*; era considerado parte do público. O esforço promocional era usado para construir "assinantes", não indicações para o marketing.

A empresa construiu um banco de dados do público que poderia monetizar com o tempo. Muita gente não se dispõe a comprar hoje, mas talvez compre daqui a um ou três meses. A empresa estabilizou o custo de aquisição em cerca de 18 dólares por nome. O mais importante foi que a qualidade dos dados aumentou exponencialmente. A empresa parou de pagar várias e várias vezes pelos mesmos nomes falsos. Essas pessoas forneciam seus dados de alta qualidade porque valorizavam o conteúdo fornecido constantemente. Portanto, davam à empresa conjuntos de dados exatos e detalhados.

Então — e essa é a mágica —, a empresa também descobriu que, depois de levantarem a mão como possíveis clientes, as pessoas desse público fechavam negócios com o dobro da frequência dos *leads* anteriores. Assim, o custo por nome adquirido se estabilizou e o custo por cliente adquirido caiu à metade.

Este é o truque: a empresa teve de se dispor a *desacelerar* o processo de aumentar os *leads*. Teve de se dispor a mudar completamente sua abordagem de vendas e marketing. Teve de passar da construção de bancos de dados de indicações para a construção de público. Parou de acrescentar pessoas automaticamente ao funil de vendas para tentar convencê-las a comprar alguma coisa e, ao contrário, teve paciência suficiente para construir um público que, em algum momento, entraria no funil como voluntário.

Uma abordagem muito diferente, que ajuda a poupar centenas de milhares de dólares por ano em custo de marketing.

Custo de marketing/mídia

Como deixa claro acima o exemplo da Kraft, o verdadeiro valor de adquirir um público é a noção que ele lhe dá de como acessar e entrar em contato com os indivíduos desse público. Como oferece valor a um público fiel, a Kraft pode utilizar os dados coletados para direcionar anúncios mais precisos e relevantes aos possíveis consumidores e, portanto, mudar o cálculo da compra de mídia publicitária digital tradicional.

Mas vejamos outro exemplo: o Jyske Bank, terceiro maior banco da Dinamarca em termos de participação no mercado. Como o CMI detalhou no documentário *The Story of Content* (A história do conteúdo), o Jyske Bank transformou completamente o modo como operava como um departamento de marketing. Como dizem seus profissionais, o banco é uma empresa de mídia que, por acaso, tem um banco próprio.

Agora eles estão descobrindo que virar mídia é realmente menos caro do que alugar espaço na mídia. Com a criação de uma redação 24 horas, o banco, além de desenvolver conteúdo bom capaz de construir um público fiel, conseguiu chegar a ter seu conteúdo aproveitado por redes de televisão nacionais dinamarquesas. Como disse Lasse Hoegledt, editor-chefe da iniciativa, "se não puder controlar a mídia, torne-se a mídia".

Mas essa abordagem não se limita apenas aos que gastam dezenas de milhões de dólares (ou coroas) com a compra de mídia tradicional. Até empresas médias e pequenas estão descobrindo que usar dados de inscrições como meio de direcionar a publicidade pode ser lucrativo. Um pequeno fabricante B2B com que trabalhamos está empregando o banco de dados renovado de seu público como meio de usar com mais eficácia os anúncios do Google. Se assinar a revista digital da empresa, você é marcado com o tipo de conteúdo que consome. Então, enquanto navega pela internet, verá anúncios pertinentes na rede do Google, direcionados com base em seus hábitos de consumo de conteúdo. Se visitou algum conteúdo posicionado como um sinal de "compra", talvez você veja anúncios que lhe são direcionados como comprador. Se visitou algum conteúdo que vise a "inspirá-lo" a mudar, você verá anúncios voltados a levá-lo para conteúdo de nível mais profundo. Essa empresa já obteve uma eficácia de 25% na compra de anúncios do Google usando esse método de marketing.

Venda cruzada e custo do aumento do valor da compra

A OpenText, maior empresa de software do Canadá, desenvolve e vende software de gestão de informações empresariais. Um dos programas mais inovadores que a empresa implantou foi um site de mídia completo direcionado a novos clientes que estavam sendo captados, com uma biblioteca completa de artigos técnicos, listas de verificação, livros eletrônicos e estudos de caso para receber os novos clientes e continuar a informá-los. Por meio desse site de mídia, criaram-se mais de 1.700 novos contatos nas empresas clientes. Isso se traduziu em 31 novas oportunidades, num valor de 1,8 milhão de dólares.

Um dos maiores benefícios que os profissionais de marketing raramente percebem é que, realmente *desacelerando* o processo de marketing e se concentrando em oferecer valor constante aos clientes mais engajados, podemos aumentar o valor médio desses clientes específicos. Além da tendência a comprar mais produtos, eles também obtêm valor adicional, de modo que não é preciso dar tantos descontos.

Redução do custo de pesquisa e desenvolvimento

O público fiel ajuda a reduzir custos porque ajuda a revelar à empresa que tipo de produtos ou características novas seria bom levar ao mercado. No Capítulo 4, Joe contou a história de Brian Clark e do Copyblogger, o recurso educativo para escrever na internet. Um dos maiores segredos do sucesso de Brian foi a habilidade de primeiro construir um público fiel e depois fazer o público lhe informar que tipo de software seria mais apropriado vender. Assim, em vez de gastar toneladas de dinheiro desenvolvendo softwares que o público não se interessaria em comprar, ele simplesmente escutou as pessoas do público lhe dizerem tudo em que estariam interessadas.

O site CMO.com da Adobe é uma plataforma de mídia maravilhosa, com mais de 25.000 assinantes que são profissionais de marketing em cargo de comando. Para a Adobe, um benefício imenso é observar o consumo de conteúdo em toda a plataforma CMO.com e usar essas informações para entender como programar seus eventos, seus programas de liderança de pensamento e seu material de marketing para o tipo de coisa que os clientes no comando do marketing estariam interessados em ouvir.

E, como mencionei no Capítulo 1, a Johnson & Johnson usa o BabyCenter.com como um acréscimo a seu painel de pesquisa de cinquenta mil consumidores, com os milhões de pais e mãe do site para lhe dar uma ideia dos sentimentos expressos em toda a plataforma.

Um dos custos mais altos de qualquer empresa é a pesquisa e o desenvolvimento de produtos novos. É claro que o custo de P&D varia muito, dependendo da empresa e do setor. Uma empresa em crescimento de software como serviço (*software as a service* ou SaaS) como a Salesforce pode gastar 12% a 15% da receita com o desenvolvimento de novos produtos. Por outro lado, empresas farmacêuticas respiram P&D para sobreviver e, assim, podem investir nisso mais de 20% da receita. E um fabricante de automóveis como a Volkswagen pode gastar 5% a 8% da receita total em P&D.

Mas, seja qual for o percentual, pesquisa e desenvolvimento serão uma parte respeitável do orçamento de qualquer empresa de sucesso. Utilizar um público fiel para se transformar numa plataforma contínua de clientes que lhe dizem o que fazer é um ativo e tanto.

Fidelidade do cliente e indicações por boca a boca (BAB)

Examinar como a construção do público fiel de assinantes aumenta a fidelidade talvez seja minha razão favorita para procurar um novo modo de fazer marketing com mídia própria.

Vejamos alguns dados; apesar das iniciativas imensas e, em alguns casos, extraordinárias dos últimos dez anos para "conhecer" e se "relacionar" com os clientes por meio da aquisição de dados:

- Mais da metade dos clientes norte-americanos trocaram seu provedor de serviços no último ano devido simplesmente à má experiência com o atendimento — até 5% desde 2012.

- A taxa de fidelidade mal se alterou entre os clientes norte-americanos: subiu somente 1% desde 2012, e a disposição dos clientes a recomendar uma empresa só aumentou 2%.

- Apenas 23% dos consumidores dizem que têm algum relacionamento com alguma marca.

- Setenta e cinco por cento dos norte-americanos adultos dizem preferir que seus dados não sejam coletados nem usados de jeito nenhum pelas empresas.

Um estudo realizado pela Corporate Executive Board em 2012 concluiu que não há correlação linear entre o número de interações com um cliente e a profundidade do relacionamento com ele. Mesmo assim, a maior parte das estratégias de marketing se concentra exatamente nessa métrica: quanto mais interações impostas tivermos e mais dados recolhermos, mais profunda deverá ser nossa relação. Simplesmente, não é verdade.

Na medida em que os clientes chegam a ser fiéis, a fidelidade é a experiência de valor que continuam a ter com a marca, não com o produto ou serviço que compraram.

Agora, como mencionamos no Capítulo 1, é aí que realmente começaram as marcas e suas mídias próprias. Assim, aqui a defesa da criação de clientes mais fiéis é relativamente fácil. Podemos ver seu funcionamento em alguns exemplos:

- **Revista *The Furrow*, da John Deere.** Essa revista da marca é publicada desde 1895 e chega a dois milhões de pessoas no mundo inteiro e a 570 mil nos Estados Unidos e no Canadá. Como disse David Jones, atual gerente da publicação: "Nunca trabalhei para uma revista empresarial como essa que as pessoas amassem tanto. Ela é o portal de uma marca pela qual as pessoas são apaixonadas, a ponto de crianças empapelarem seus quartos com nossos tratores. Simplesmente, não se encontra isso todo dia."

- ***Guia Michelin*.** É claro que muita gente não sabe que os melhores restaurantes do mundo são classificados por uma fábrica de pneus. As estrelas Michelin, classificação mais cobiçada que um restaurante pode receber, são atribuídas há mais de cem anos. O guia foi criado para que as pessoas dirigissem mais e, portanto, usassem mais pneus.

Mas, na verdade, um de nossos exemplos favoritos de geração de um programa lucrativo de fidelidade é o da Zappos, que discutimos quando conversamos com Christa Foley. Tony Hsieh, presidente executivo da empresa, escreveu, de forma bastante literal, o livro da fidelidade, intitulado *Satisfação garantida*. Dizer que Zappos se concentra na fidelidade do cliente e no atendimento é subestimar ambos.

O interessante é que a Zappos tem um modo lucrativo de ver uma parte de sua experiência de fidelidade. O programa Zappos Insights é um método de prestar serviços baseados em fidelidade que gera receita. Como Christa nos explicou na entrevista, tudo começou quase por acaso:

> Não é raro, quando os representantes das marcas vêm mostrar uma linha de produtos a nossos compradores, que realmente os recebamos no escritório e lhes mostremos as instalações. Sempre achamos que, quanto mais conexão tivermos com os clientes, fornecedores e qualquer um com quem trabalhamos, melhores as parcerias. E foi assim que, extraoficialmente, começamos a organizar as visitas e as aulas de fidelidade a pessoas de fora que vinham conhecer nossas instalações.

Hoje, o programa é uma unidade de negócio lucrativa da empresa. Como disse Christa:

> Foi ideia de Tony tentar monetizar ou aproveitar o programa como oportunidade potencial de negócio para nós. Assim, a Zappos Insights começou em 2008 como pequena empresa dentro da zappos.com e seu foco inicial era a plataforma de inscritos. É um modelo de assinatura dentro da Zappos Insights, e quem não pode nos visitar consegue aprender sobre nós e saber como pensamos sobre a cultura e o atendimento ao consumidor em termos de fidelidade dos clientes.

Lucratividade geral da empresa

Uma de minhas entrevistas favoritas nos últimos cinco anos aconteceu em 2013, quando conversei com Jonathan Mildenhall, então chefe de estratégia publicitária global e excelência criativa da Coca-Cola Company (hoje, diretor de marketing da Airbnb). Sobre o projeto Content 2020 da Coca-Cola, ele explicou:

> Mas, para as pessoas com mais preocupação financeira na empresa, digo o seguinte: para encher o tanque emocional da marca, tenho de tirar cada vez menos vantagem dela. Acredite se quiser, ainda nos envolvemos com consumidores novos que não estão com o tanque emocional bem cheio.

Quando lhe perguntei o que significava "tirar vantagem", ele me disse que, naturalmente, era impossível medir até que ponto algum vídeo do YouTube, postagem social ou infográfico contribuía para a receita total ou a lucratividade da Coca-Cola. Disse que, naturalmente, continuariam gastando dinheiro com anúncios pagos. A Coca-Cola é uma das maiores compradoras de mídia do planeta. Mas o mais importante, como ele ressaltou, é o tipo de publicidade que a empresa cria. Ele pode fazer as pessoas tomarem mais Coca-Cola com cupons de desconto ou anúncios do tipo "compre um e leve dois". Ou pode "encher o tanque emocional" com conteúdo e fazer as pessoas pagarem o preço cheio, ou até mais, pelo refrigerante. Ele via a Coca-Cola como uma marca de mídia — e a sua teoria era de que, se conseguisse usar um público fiel de assinantes de conteúdo que tivessem o tanque emocional bem cheio, precisaria dar menos descontos (tirar vantagem). Basicamente, ele conseguiria afetar toda a lucratividade da empresa usando um público fiel que valoriza mais a experiência adicional do que o produto como mercadoria.

Basta olhar para ver que essa mesma estratégia está realmente no centro da Red Bull Media House. Na maioria dos casos, a Red Bull é a bebida não alcoólica mais cara à venda em lojas de conveniência. E sejamos sinceros: a bebida não passa em muitos testes de sabor. Na verdade, em 2006 a empresa costumava anunciar exatamente que o gosto do produto era ruim. Mas, com a Red Bull Media House e experiências baseadas em conteúdo, a empresa criou um público tão fiel que os clientes estão mais do que dispostos a pagar o preço mais alto. E, devido à receita (como Joe mencionou no capítulo anterior), a Red Bull tem, na verdade, a capacidade de se voltar para o setor que desejar.

Pense nisso um instante. Na verdade, o braço de marketing da Red Bull capacita a empresa a vender o que quiser. Hoje, ela já vende conteúdo com margem alta. Mas amanhã, se decidir entrar no setor de moda ou vender bicicletas ou pranchas de surfe, a Red Bull poderá fazer isso prontamente, com clientes fiéis dispostos a comprar praticamente tudo o que a marca quiser. E dispostos a pagar um preço mais alto.

PÚBLICOS: A POUPANÇA ESTRATÉGICA

Como discutimos no início deste capítulo, nossa tendência como empresa é olhar a evolução das tendências de marketing com foco no desenvolvimento tanto de hardware quanto de software. Em outras palavras, vemos o desenvolvimento de tablets, celulares, a Internet das Coisas ou a inteligência artificial como mais uma plataforma que precisamos levar em conta. Ou vemos novos pontos de agregação de clientes, como televisão aberta, TV a cabo, Facebook, Twitter, LinkedIn, Instagram ou Snapchat, como plataformas de software às quais precisamos atribuir equipes e estratégias especiais de conteúdo.

Nos últimos quinze anos, o resultado tem sido a criação de reservatórios, mesmo dentro dos departamentos de marketing. Agora temos equipes sociais, móveis, de relacionamento com clientes, de negócios eletrônicos, de criação de sites, de relações públicas, de marca e assim por diante.

É simples: as empresas têm de perceber que não é possível ter um reservatório separado para cada canal de marketing onde for preciso que a história da marca seja contada.

É fundamental que os departamentos de marketing se desdobrem e criem conteúdo de valor em toda a dimensão do funil, porque esse conteúdo pode ser (e será) compartilhado por clientes. É a única maneira de uma marca ter esperança de estar em todos os canais onde for necessário. Cada conteúdo ou experiência de valor que for compartilhada pelo público numa rede social reduz a necessidade daquela marca de manter presença naquele canal.

Portanto, a *única maneira de aumentar* o conteúdo é transformar a estrutura e o propósito do departamento de marketing em torno da criação, da gestão e do fluxo final de informações (isto é, conteúdo) tanto para descrever quanto, de forma mais importante, criar valor para os clientes.

E isso tem de acontecer apesar dos canais existentes ou futuros. Em resumo, os departamentos de marketing têm de implementar novas mudanças organizacionais que atendam à rápida mudança das necessidades de empoderamento dos clientes e à necessidade da empresa de orquestrar a imensa quantidade de conteúdo que produz.

A descrição do valor é relativamente bem compreendida. Não há dúvida de que os departamentos de marketing produzem exponencialmente *mais* conteúdo do que nunca para descrever o valor de seus produtos e serviços. A transformação do marketing numa função que cria experiências e conteúdos valiosos é que é a nova força da maioria das empresas, que esperamos exercitar e desenvolver um pouco com este livro.

Assim, em última análise esses argumentos explicam por que tudo tem de mudar no modo como levamos nossa empresa ao mercado. O marketing tem de ser construído para criar valor, não só para descrevê-lo. Como profissionais de marketing, somos classicamente treinados para descrever valor nos Quatro Ps. Agora, temos de fazer mais, criando valor com o uso de conteúdo e de experiências.

Como já afirmado, não basta que as marcas simplesmente ajam como empresa de mídia; elas têm de se tornar empresas de mídia que desenvolvem e encantam o público o tempo todo. Como empresas de mídia, as marcas envolvem os clientes em todos os aspectos do funil do marketing:

- Desde a primeira tomada de consciência do produto, serviço ou promessa da marca.
- No processo de nutrir e tomar decisões.
- Até quando se tornam clientes.

- Até quando se tornam fiéis, convencidos a comprar, convencidos a comprar de forma cruzada e, finalmente, defensores militantes da abordagem de nossa marca.

Hoje, em muitas empresas, o marketing, simplesmente, é o órgão de serviços que vê o departamento de vendas como "cliente" e só existe para dar apoio às vendas com o material de que os vendedores precisam. Pior ainda, em algumas empresas o marketing é um incômodo que só cria folhetos bonitos, enquanto o "trabalho importante" acontece em outro lugar. Em algumas empresas, o conteúdo e sua criação são considerados simplesmente uma ocupação para quando o pessoal de marketing não tem nenhum folheto ou anúncio novo para criar. Para muitas, isso não vai mudar, e a inação será fundamental em seu falecimento.

Nesse novo modelo de marketing, experiências únicas, impactantes e diferenciadoras voltadas ao conteúdo se tornarão um investimento que é tão importante quanto o desenvolvimento de produtos. Um benefício fundamental é que o marketing pode ser a grandiosa conta de poupança da empresa. Profissionais de marketing bem-sucedidos vão adaptá-lo e mudá-lo numa operação de mídia constantemente em evolução que se concentre em criar experiências encantadoras para informar, entreter e envolver o cliente e fazê-lo evoluir.

Ideias lucrativas

- Em vários aspectos, as características oferecidas por novos softwares conduzem a nossa estratégia de marketing, e não o contrário. A corrida para usar a tecnologia com cada vez mais eficiência é, em última análise, um jogo de soma zero. Temos de encontrar maneiras de criar estratégias que sejam sustentadas pela tecnologia. A poupança exponencial com o marketing virá da capacidade de atingir mais facilmente os clientes com quem temos um relacionamento, não de achar modos mais eficientes de localizar aqueles com quem não temos.

Ideias lucrativas *(continuação)*

- Podemos reduzir o custo das vendas usando o consumo de conteúdo como um meio de ajudar os vendedores a terem conversas mais pertinentes com os consumidores.
- Podemos reduzir o custo da publicidade na mídia tradicional usando os dados do público para direcioná-la com mais precisão a consumidores que estejam no mercado de nossos produtos e serviços.
- Podemos criar clientes melhores que, finalmente, comprarão mais produtos e serviços nossos se desacelerarmos o processo de engajamento e os educarmos melhor.
- Podemos reduzir o custo de produto e pesquisa desenvolvendo públicos que nos digam de boa vontade o que querem dos produtos e serviços que pomos no mercado.
- Podemos aumentar a lucratividade examinando modelos de mídia que desenvolvam várias linhas de valor com margem mais alta do que no setor onde que estamos atualmente.

Recursos lucrativos

- Scott Brinker, "Only 9% of Marketers Have a Complete, Fully Utilized Martech Stack", Chiefmartec.com, 20 de agosto de 2015, http://chiefmartec.com/2015/08/9-marketers-complete-fully-utilized-martech-stack/.
- "15 B2B Case Studies Show How Content Marketing Drives ROI", NewsCred Insights, 24 de fevereiro de 2015, https://insights.newscred.com/15-b2b-case-studies-show-how-content-marketing-drives-roi/#sm.0000icw0wm16zgcvcugveml768xt5.

Recursos lucrativos (*continuação*)

- Christopher Heine, "Why Johnson & Johnson Treasures BabyCenter's Data", Adweek.com, 4 de abril de 2014, http://www.adweek.com/digital/why-johnson-johson-treasures-babycenters-data-156720/.
- "U.S. 'Switching Economy' Puts Up to $1.3 Trillion of Revenue Up for Grabs for Companies Offering Superior Customer Experiences, Accenture Research Finds", Accenture.com, 22 de outubro de 2013, http://newsroom.accenture.com/news/us-switching-economy-puts-up-to-1-3-trillion-of-revenue-up-for-grabs-for-companies-offering-superior-customer-experiences-accenture-research-finds.htm.
- Karen Freeman, Patrick Spenner e Anna Bird, "Three Myths About What Customers Want", Harvard Business Review, 23 de maio de 2012, http://blogs.hbr.org/2012/05/three-myths-about-customer-eng/.
- "When Are Consumers OK with Brands' Collecting Personal Data?", MarketingProfs, acessado em 1º de maio de 2017, http://www.marketingprofs.com/charts/2014/25456/when-are-consumers-ok-with-brands-collecting-personal-data.
- Christa Foley, da Zappos, entrevista a Claire McDermott, janeiro de 2017.

CAPÍTULO 6

Primeiros Passos no Caminho para o Killing Marketing

ROBERT ROSE

Não dobre, não dilua, não tente torná-la lógica, não altere sua própria alma de acordo com a moda. Em vez disso, siga sem misericórdia suas obsessões mais intensas.

Franz Kafka

Você pode conseguir o que quiser ou, simplesmente, envelhecer.

Billy Joel

Então, se vamos reinventar o marketing, quais são os primeiros passos para essa mudança?

Provavelmente, neste ponto de nossa jornada vale mencionar que tanto Joe quanto eu temos clareza sobre a realidade de mudar toda a função do marketing no nosso negócio. Não vemos isso com leviandade nem esperamos que deva ou vá acontecer da noite para o dia na maioria das empresas.

A nossa meta é entender as consequências e a oportunidade dessa transformação. Como afirmamos, um dos maiores erros que cometemos como profissionais de marketing nos últimos 17 anos é fazer pequenas mudanças incrementais, como o marketing digital, o marketing das mídias sociais, o marketing de conteúdo e outros modelos operacionais sem perguntar como poderiam mudar fundamentalmente o modo como a empresa funciona.

Acreditamos que o marketing está deixando de ser um grupo que cria seu valor simplesmente descrevendo a experiência que o consumidor terá com o produto ou serviço oferecido. Em vez disso, as novas estratégias de marketing têm de comandar toda a estratégia de negócios e se concentrar em experiências que agreguem um valor que vá bem além do produto ou serviço.

Para isso, temos de adotar uma abordagem pragmática para evoluir e criar novos processos que sustentem essa mudança.

O PROBLEMA DA FALTA DE RESPOSTA DO MARKETING À EVOLUÇÃO DO CLIENTE

Como discutimos, a realidade do mercado de hoje mudou o modo como o cliente toma consciência, procura, investiga, compra, usa, reclama e/ou se torna fiel a uma marca. No entanto, os processos de negócio que facilitam a consciência, a compra, a diferenciação, o uso e o serviço não mudaram. Até hoje, a abordagem antiga foi lançar equipes e tecnologia em todas as estratificações individuais do funil e criar ainda mais iniciativas baseadas em campanhas para otimizar cada estrato.

A força dessa antiga abordagem é tamanha que incentiva as agências e os prestadores de serviço a fazer exatamente a mesma coisa. Muitas marcas usam agências diferentes para fatias diferentes da empresa. Até as agências grandes têm hoje um "grupo direto", um "grupo digital", um "grupo de experiências" e um "grupo de fidelidade". Isso reduziu de forma significativa o valor que as agências oferecem aos clientes.

De forma interessante e irônica, as empresas de mídia estão evoluindo mais depressa do que os profissionais de marketing. Grandes empresas editoriais, como *New York Times*, *Wall Street Journal*, Condé Nast, Time Inc. e outras, construíram estúdios de conteúdo de marca para competir com agências que ainda se agarram à mídia tradicional, aos *banners* e aos anúncios de trinta segundos. Mas também não param por aí. As empresas de mídia estão passando rapidamente para o desenvolvimento de produtos e oferecem produtos físicos para acompanhar seus modelos de receita centrados na mídia.

Como Joe detalhou no Capítulo 3, a Dennis Publishing, uma das maiores empresas independentes de mídia do Reino Unido, agora se expandiu para a venda de automóveis. A empresa comprou a revendedora online BuyaCar, hoje responsável por 16% da receita total da Dennis.

Por outro lado, a Marriott afirmou que "agora é uma empresa de mídia". Ela pretende se tornar a marca líder de mídia de estilo de vida para viagens e lazer. Como disse David Beebe, vice-presidente criativo global da empresa e ganhador de um prêmio Emmy:

> Contratamos muita mídia, pegamos muita gente que antes era contadora de histórias e a transformamos em profissionais de marketing. Hoje, é tudo a mesma coisa. Não se pode negar o fato de que as pessoas não estão se envolvendo com a [publicidade] tradicional, e esse é o jeito de agir. A gente tem de experimentar.

E isso — experimentar — é o principal desafio. Atualmente, a maioria dos departamentos de marketing trabalha separadamente para destacar o valor da empresa criando mais experiências digitais do que nunca. O que tem de mudar é a estrutura da estratégia, de modo a oferecer um portfólio coeso, conectado e coerente de experiências centradas no conteúdo que transformem o marketing num grupo que constrói um público fiel e integrar tudo o que a marca faz (em termos físicos ou não) para obter um resultado lucrativo para a empresa.

Sejamos claros: propomos experiências de conteúdo novas e valiosas, que devem ser criadas e geridas pela equipe de marketing. Elas *farão parte* da experiência total do cliente e, em última análise, vão aprimorá-la. Mas oferecerão valor separado e distinto do produto. Não deveriam ser criadas como uma campanha nem como sempre se criou conteúdo, como uma reação a uma nova oferta, mas sim como um produto em si.

Um grande exemplo disso é a Cleveland Clinic, exemplo que já discutimos. Amanda Todorovich, diretora de marketing de conteúdo da empresa, nos falou de como a clínica mudou completamente o modo como apresenta conteúdo aos líderes de seu setor. Ela disse:

> Uma das conversas interessantes que temos com os líderes é toda essa ideia do negócio de conteúdo, sabe? Todos os grupos de marketing de conteúdo vão ter de pensar nisso em algum momento.
>
> Seja o tamanho, o alcance ou a escala de coisas como as que fazemos, seja numa base menor, caso a caso, os profissionais de marketing terão de abordar essa questão. Temos de embutir, no setor de conteúdo, líderes que entendam os riscos do negócio e o valor do conteúdo e que realmente tratem esse conteúdo como um ativo da empresa como um todo.

Nos cinco anos em que Joe e eu trabalhamos com empresas de todos os tamanhos, descobrimos que há três componentes principais necessários para a equipe de marketing começar esse tipo de transformação.

TRÊS COMPONENTES PRINCIPAIS DA MUDANÇA DO PROCESSO

Seja obtida pela reinvenção do marketing, seja pela evolução (ou elevação) da estratégia de conteúdo, seja por uma integração mais concentrada, essas três habilidades ou competências são comuns nas empresas que vêm obtendo sucesso e podem constituir uma boa defesa de que existe um processo (ou abordagem) novo para geri-la.

Elas são:

1. **Orquestrar eventos, não guiar a jornada dos compradores.** Em poucas palavras, a gestão de um portfólio de experiências de mídia voltadas ao conteúdo não se concentra em puxar as pessoas em caminhos ou jornadas de compra. Em vez disso, as empresas deveriam orquestrar alguns eventos extraordinários que inspirassem assinaturas ou inscrições (construção do público) e passar para a experiência seguinte. Não importa se é uma jornada B2B longa e de contato íntimo ou se é B2C e completamente transacional; os clientes não querem ser guiados e só esperam se encantar a cada passo, em seus próprios termos. A meta passa a ser assinar experiências valiosas.

2. **Centrar em significado, não em dados.** Pela própria definição, os dados não têm significado; são uma simples coletânea de fatos e estatísticas, agregados para referência ou análise. Para lhes dar significado, as empresas têm de desenvolver estratégias novas para encontrar o valor emocional dos dados oferecidos e não coletados. Em vez de procurar a "prova de vida" dentro dos dados, elas devem, para começar, fazer perguntas francas e significativas e procurar o valor e as ideias diferenciadoras na razão do fornecimento dos dados.

3. **Organizar para ter agilidade, não velocidade.** Muito se falou sobre a necessidade de os departamentos de marketing serem mais ágeis, mas não necessariamente sobre avançar mais depressa. A incapacidade de encontrar calma no caos e a pressão constante por "mais" se deve ao medo de avançar com excesso de lentidão. Em vez disso, a equipe de marketing reinventada pode encontrar alegria no

equilíbrio de criar experiências estratégicas centradas no cliente que o façam evoluir e de se reorientar para estratégias mais ágeis.

Examinemos cada uma delas.

1. Orquestrar eventos, não guiar a jornada dos compradores.

Muita tinta digital é desperdiçada com o modo como as empresas deveriam mapear suas plataformas de conteúdo digital de acordo com a jornada do comprador. Sejamos claros: essa ainda é uma função que vale a pena. No entanto, a nova equipe de marketing deve perceber que o mapa não deveria ser traçado para aumentar o número de marcos miliários que guiam os clientes pelo ecossistema de marketing e experiências de conteúdo da marca. A questão, em vez disso, é criar o *equilíbrio* certo de experiências. A meta, na verdade, deveria ser causar a quantidade *mínima* de atrito de conversão entre o cliente, a ação desejada e o valor para o propósito do cliente.

Mas, devido à facilidade com que as empresas conseguem criar e publicar nas novas plataformas de conteúdo, em alguns casos os profissionais de marketing levaram a lição clássica de "alcance e frequência" a níveis absurdos. Em seu setor, agora cada grupo mantém plataformas próprias de "conteúdo" para sua fatiazinha da jornada do comprador. As equipes são recompensadas pelo número de interações que conseguem criar com o cliente, na noção falha de que assim se promove uma relação mais profunda entre o cliente a e a empresa em termos mais amplos. Na verdade, em geral é bem o contrário.

Assim, em outras palavras, nosso modelo tradicional de marketing examina os produtos e serviços que queremos vender e depois tenta criar, ao longo da jornada de compra, "paradas" que desacelerem o cliente só o suficiente para convencê-los de que deveriam comprar. Em vez disso, que tal trocar todo o papel da mídia e do marketing para a orquestração de plataformas valiosas de que os clientes queiram inerentemente participar e que assinem? Então, dentro desse universo de clientes, não seria possível imaginar um modo de desenvolver tanto *insight* e confiança que eles, naturalmente, encontrassem as coisas que fabricamos? Em resumo, vamos, de cima para baixo, além da marca, com produtos de mídia valiosos que constroem públicos que configuram e oferecem valor comercial integrado.

A cultura do conteúdo

A Casper, uma fábrica de colchões, está mudando todo o modo como se constrói uma cama. Seus profissionais de marketing utilizam a Van Winkle's, uma experiência de notícias e mídia digital independente que (como diz a Casper) faz parte da missão da empresa de "ser dona da cultura do sono". A empresa também mantém um blog chamado *Pillow Talk* (papo de travesseiro) como um modo de examinar mais especificamente tudo o que diz respeito a uma cama. E, na primavera de 2016, foi lançado o site sleepsleepsleepsleep.com, da Casper — uma série em oito partes que, em termos poéticos, exaltou o valor do sono. Além disso, os canais sociais da Casper compartilham maneiras valiosas, divertidas e engraçadas de atrair o público. Ela vai na frente com conteúdo e, pelo caminho, constrói um público fiel. E, em grande medida, gasta dinheiro na mídia paga para dar sustentação às plataformas de conteúdo. Embora as buscas e a publicidade paga nas mídias sociais sejam investimentos grandes, a Casper está investindo intensamente em plataformas de ampliação de conteúdo, como Outbrain e Taboola, para promover a mídia paga e a espontânea. Como disse Philip Krim em 2015:

> Estamos orgulhosos por termos conseguido aumentar nosso gasto e ver o custo por ação cair e o retorno do investimento crescer mesmo quando aumentamos drasticamente o orçamento.

Aprendizado-chave

As marcas de alto desempenho estão desenvolvendo portfólios equilibrados de experiências de mídia digital que mapeiam a jornada do comprador, são integradas nos canais físicos e digitais e apresentam muitos tipos de conteúdo diferentes. Essas empresas estruturam seus portfólios de mídia própria para beneficiar o cliente primeiro e o mecanismo de entrega de conteúdo depois. Muitas criaram equipes multifuncionais específicas que organizam as plataformas de conteúdo, físicas e digitais, além de arquitetar maneiras de integrar essas experiências.

2. Centrar em significado, não em dados

Quando os diretores de marketing correm atrás de alguma tecnologia com a ajuda dos colegas diretores de informática, é para usar os dados para otimizar o resultado. Quer chamemos de operações centradas em dados, de *big data* ou, hoje, de aprendizado de máquina, quase toda a tecnologia e estratégia que promovemos é para sustentar a otimização do posicionamento dos anúncios, o conteúdo personalizado, a iteração mais rápida da comunicação com possíveis clientes e a análise preditiva para nos dizer o que fazer depois.

Mas a questão é: essa estratégia está batendo no teto.

A publicidade programática e direcionada produz, de maneira bastante literal, a própria derrota. Em última análise, ela é ruim para o anunciante, ruim para quem publica e ruim para o consumidor. Todo o valor da publicidade direcionada é visar a um cliente muito específico da marca, em vez de o público mais geral. Então, o anúncio segue aquele cliente pela internet e aparece em todos os sites onde a marca aluga espaço. Mas considere a conversa que Walt Mossberg, diretor executivo do portal *The Verge* e ex-repórter de tecnologia do *Wall Street Journal*, teve com um colega num jantar. Walt disse:

> Eu estava sentado ao lado do presidente daquela agência de publicidade, que me disse algo como: "Bom, sempre gostei muito de AllThingsD e, em sua primeira semana, acho que a Recode produziu algumas coisas muito interessantes". Comentei: "Que ótimo, então você vai anunciar, não é? Ou pôr anúncios lá?" E ele respondeu: "Bom, vou lhe contar a verdade. Vamos pôr uns anúncios lá por algum tempo, deixar alguns cookies, descobrir quem são os seus leitores, descobrir quais os outros sites que visitam e que são muito mais baratos do que o seu e então tiraremos os anúncios do seu site e vamos publicá-los lá."

Pense nisso um segundo. Com a mídia programática, ficou no passado a época em que os profissionais de marketing buscavam que o prestígio e a confiança de um veículo de mídia se alinhasse à sua marca. Hoje, o cálculo é simplesmente como obter o clique mais barato e rápido e personalizá-lo para estar com a ratoeira pronta quando a pessoa se dispuser a comprar.

Vigiar os clientes em outros veículos ou mesmo em nosso próprio canal de compras pode trazer valor, mas é inerentemente limitado. Sim, faz sentido saber como obter vendas cruzadas ou como vender um produto mais caro enquanto observamos o que eles compram ou olham. Mas isso só nos dá uma noção do que interessa àquele cliente quando ele está interessado. O que queremos é uma ideia melhor de como interessar esse cliente.

E está ficando cada vez mais difícil obter esses dados. Consideremos que, na Europa, já há novas regras para proteger a privacidade do consumidor. A GDPR (General Data Protection Regulation ou regulamentação geral de proteção de dados) é relativamente desconhecida nos Estados Unidos, mas terá consequências abrangentes nos próximos cinco a dez anos em qualquer país que faça negócios na Europa. Embora seja mais nuançado do que isso, o foco básico da GDPR é reduzir a coleta de dados do marketing de vigilância. Nos próximos quatro a oito anos, seja o que for que aconteça na política americana relativa aos dados e à privacidade, a coleta de dados dos consumidores ficará mais e não menos complexa.

Mas, como profissionais de marketing, se começarmos a olhar os dados que são cedidos e não coletados, podemos ver que o seu valor e as ideias que oferecem aumentam exponencialmente. Se nos perguntarmos por que o consumidor nos deu os dados ou se pudermos ao menos discernir que a pessoa nos deu os dados de boa vontade, isso será simplesmente muito mais valioso para nós. Pense na história do BabyCenter.com, da Johnson & Johnson, e que os dados e ideias valiosos que os seus profissionais de marketing obtiveram com os clientes foram oferecidos de graça e por vontade própria. Isso também obedece de imediato à GDPR, porque são dados oferecidos espontaneamente em troca de valor — a mídia consumida. Talvez, em vez de começar com persuasão e torcer para vigiar os clientes enquanto eles visitam as nossas prateleiras virtuais, possamos começar nossa estratégia com o valor da mídia — e começar a entender qual é a hora mais apropriada para lhes perguntar se estão dispostos a comprar alguma coisa.

A beleza do racional e do emocional

Conforme os papéis dos diretores de marketing e informática continuam a evoluir, o uso de conteúdo e dados para melhorar a experiência do cliente é um dos motores primários dessa transformação da função do marketing. Mas, sozinhos, os dados são apenas uma série de números crus e sem significado que, em geral, só nos desviam das questões reais que podem estar em jogo. Considere quantas vezes os dados de hoje são usados para medir a "prova de vida" de uma nova equipe ou tecnologia de marketing que foi posta em serviço. Essa equipe tem todos os incentivos para gerir seu desempenho sem se preocupar com as outras equipes e tecnologias de marketing e, às vezes, até em competição com elas.

Aqui, o exemplo clássico é a separação entre equipes de vendas e de marketing nas empresas B2B, nas quais a "experiência digital" pode ser totalmente diferente depois de feito o "lance". Mas, em todos os tipos de empresa, não é raro que as equipes de marketing construam jardins murados, onde os dados e mensurações ficam aprisionados à meta da equipe.

Os dados e a experiência digital se tornam significativos quando geram ideias verdadeiras que permitam ações. Isolados, os dados contêm respostas teóricas a problemas que a empresa provavelmente não entende. E, sozinhas, as experiências são simples projetos criativos ou a arte do desempenho. O verdadeiro significado surge quando as experiências se impregnam com as ideias e a otimização contextual oferecidas pelos dados. E essa impregnação vem de perguntas criativas e reveladoras projetadas para melhorar o processo, não para provar uma opinião.

Wilson Raj, diretor global de informações do cliente da SAS, enquadra isso com muita elegância quando diz: "*Os dados, embora poderosos, são apenas metade da história. A outra metade é o entendimento das necessidades emotivas de nosso cliente. Quais são suas aspirações, temores, sonhos, desejos etc.?*".

As empresas de alto desempenho equilibram o racional e o emocional para otimizar a experiência digital que criam para os clientes.

É importante distinguir os problemas de análise dos problemas de dados. Vamos citar novamente Wilson Raj:

> Os diretores de marketing devem se perguntar "tenho os dados?" Se a reposta for "sim", mas não consigo acesso a eles, não tenho um problema de *big data*. Tenho um problema de análise. Mas, se a resposta for "não", então o diretor de marketing deve começar a examinar onde pode obtê-los e acrescentar os elos que faltam.

Esse é um fator fundamental, tanto para o diretor de marketing quanto para o de informática. Antes de perguntar adequadamente "*temos os dados?*", a empresa tem de saber a resposta a "*que dados são necessários?*".

> ***Aprendizado-chave***
>
> *Para conseguir isso, as empresas de alto desempenho desenvolverão novos papéis de liderança na equipe de marketing. Esses estrategistas editoriais serão encarregados de criar iniciativas e estratégias que removam as cascas do big data para torná-lo pequeno, administrável e, mais do que tudo, significativo. Eles não são necessariamente cientistas ou matemáticos. Mas, para avançar, terão o talento de fazer perguntas sobre dados, clientes e influenciadores. Poderão, então, aplicar a arte da escuta, da conversa e da síntese para transformar fatos e resultados em ideias significativas que façam a empresa progredir.*

Para os dados terem mais valor para a empresa do que as informações existentes, os profissionais terão de transformar o marketing. O foco no uso da análise como método para "provar" o sucesso ou o retorno do investimento não será sustentável. Em vez disso, os profissionais de marketing têm de usar os dados e as mensurações para melhorar o processo em andamento de extrair noções mais significativas e desenvolver para os clientes menos experiências, mas mais belas e poderosas.

3. Organizar para ter agilidade, não velocidade

"Ágil" é uma palavra que todos os garotos do marketing andam usando hoje em dia. Mas o que costuma se perder é a diferença entre ser veloz e ser realmente ágil.

Sem dúvida, a disrupção digital deixou os profissionais de marketing com dificuldade para redescobrir a alegria na prática da sua profissão. Estudos recentes constataram que mais de 66% dos diretores de marketing sofreram pressão do diretor executivo ou da diretoria para provar que o marketing tem valor. E outros 60% disseram que esses líderes estão "apertando a cravelha".

Além disso, os profissionais de marketing estão sentindo a pressão para se tornarem desenvolvedores de experiências em mídia digital. Um estudo examinou as 1.000 maiores empresas do mundo segundo a revista *Forbes* para ver como reorientavam suas operações para lidar com o "comprador moderno, sempre móvel e conectado", e descobriu que 96% dos entrevistados disseram que integrar componentes digitais afetou fundamentalmente seus negócios. Infelizmente, um terço dos profissionais de marketing dessas empresas disse que as mudanças os deixaram "*se sentindo sob pressão e vulneráveis*".

Essas são observações importantíssimas. As empresas de alto desempenho estão reorientando seus negócios e descobrindo que "mais e mais rápido" é a métrica errada, da qual têm de sair. O medo de avançar devagar demais leva os profissionais de marketing a fazer coisas tolas e a desenvolver mais anúncios em mais canais sociais e a realizar experimentos menores com conteúdo digital, em vez de otimizar um conjunto de experiências de mídia bem definidas.

Essa é a diferença entre ser rápido e ser ágil — e é assim que as empresas de alto desempenho têm desenvolvido um processo divertido no marketing e na tecnologia. As suas novas metodologias ajudam a criar e gerenciar experiências centradas no cliente. Enquanto evoluem para além das antigas hierarquias e dos processos estagnados dos últimos cem anos, essas empresas mudam a maneira como impregnam essas experiências de forma inteligente em todas as partes da jornada do consumidor. Em poucas palavras: estão se reorientando para estratégias ágeis, não para estratégias rápidas.

Conforme explode o número de possíveis oportunidades de experiência digital, as empresas têm de resistir à ânsia de estar em toda parte ao mesmo tempo e se concentrar em estar no lugar certo na hora certa.

Compreender a diferença entre ser ágil e se mover depressa traz de volta a alegria ao processo de marketing e é um dos primeiros passos fundamentais para transformar o marketing numa máquina de pensar lucrativa.

> ***Aprendizado-chave***
>
> As experiências de "conversa social" em "tempo real" que estão sendo criadas hoje não deveriam ser um incessante "Você já nos ouviu?" e, três segundos depois, "Perguntamos: você já nos ouviu?" Para as empresas de alto desempenho, a meta agora deveria ser um estado permanente de agilidade, de "Estamos aqui quando você precisar". Em outras palavras, não é a rapidez com que as notificações chegam sempre que o cliente sai para uma corrida. É a habilidade de mandar rapidamente a notificação da farmácia mais próxima quando solicitado, seja por preferência automatizada, seja quando explicitamente requisitado.

REPROJETAR O MARKETING PARA CRIAR EXPERIÊNCIAS DE CONTEÚDO

É simples: os profissionais de marketing têm de ir além do ciclo de perseguir recursos para campanhas em cada canal que surge. Para ter sucesso, os departamentos de marketing têm de se transformar.

Sem dúvida, eles precisam ser capazes de descrever o valor do produto ou serviço à venda em várias ilhas de conteúdo concentradas em campanhas, dentro e fora da internet, como televisão, mídia impressa, mídia social, celulares e outras. Mas também precisam *criar valor experiencial diferenciado* que seja separado e distinto daquele produto ou serviço — e então integrar os mundos físico e digital sem emendas visíveis.

Esse novo foco além da campanha exige que o conteúdo se torne real. Ele não pode mais ser, ao mesmo tempo, serviço de todos e de ninguém. **Criação, colaboração, gestão, publicação e promoção de experiências centradas em conteúdo precisam ser uma função estratégica real da empresa.**

Para conseguir isso, novos processos têm de ser criados. Depois, novos papéis têm de ser criados para facilitar esses processos. Essa abordagem ou metodologia se concentra na criação de experiências centradas em conteúdo como um ativo separado e lucrativo. Tem tanto valor potencial quanto o nosso produto, com possibilidade de gerar receita e de reduzir custos. Essa é a essência de uma nova abordagem para servir a essa nova função que chamaremos de marketing.

Ideias lucrativas

- Um dos primeiros passos para fazer o marketing evoluir nesse novo modelo é parar de puxar os clientes em cada passo da sua "jornada de compra" e, simplesmente, criar experiências excepcionais em pontos escolhidos ao longo dessa jornada. Se nos concentrarmos em inspirar os clientes a nos assinar e a desejar outra experiência, avançaremos muito mais do que os convencendo constantemente a dar outro passo.

- O uso de dados precisa ter um componente emocional. Os dados não têm significado; são uma simples coletânea de fatos e estatísticas. Mas, se tentarmos extrair mais dados emocionais (que os consumidores fornecem de bom grado), podemos dar um grande passo rumo a tornar muito mais valiosos os dados que coletamos.

- Pusemos foco demais em movimento rápido. Os profissionais de marketing já estão se movendo a mil por hora. Em vez disso, precisamos nos concentrar em criar processos e mecanismos de governança que nos ajudem a nos mover de forma ágil e nem sempre rápida. A questão é tentar mover-se, adaptar-se e dar meia-volta depressa, em vez de ficar, correr velozmente.

Recursos lucrativos

- Joe Lazauskas, "'We're a Media Company Now': Inside Marriott's Incredible Money-Making Content Studio", Contently.com, 5 de novembro de 2015, https://contently.com/strategist/2015/11/05/were-a-media-company--now-inside-marriotts-incredible-money-making-content-studio/.
- Amanda Todorovich da Cleveland Clinic, entrevista a Claire McDermott, janeiro de 2017.
- Sara Sluis, "Casper the Friendly Online Mattress Startup Experiments Early with New Platforms", AdExchanger.com, 17 de fevereiro de 2015, https://adexchanger.com/advertiser/casper-the-friendly-online-mattress-startup-experiments-early-with-new-platforms/.
- Eric Johnson, "25 Years Later, Walt Mossberg Says Technology Is Still Too Hard to Use", Recode, acessado em 1º de maio de 2017, http://www.recode.net/2016/5/9/11636082/walt-mossberg-code-conference-preview-recode-relaunch.
- Equipe da MarketingCharts, "2 in 3 CMOs Feeling Pressure from the Board to Prove the Value of Marketing", Econsultancy.com, 29 de agosto de 2013, http://www.marketingcharts.com/traditional/2-in-3-cmos-feeling-pressure-from-the-board-to-prove-the-value-of-marketing-36293/.
- Christopher Ratcliff, "96% of Enterprise Businesses 'Feeling the Pressure' of Digital Transformation", Econsultancy.com, 27 de agosto de 2014, https://econsultancy.com/blog/65351-96-of-enterprise-businesses-feeling-the-pressure-of-digital-transformation#i.19dz5w915ufdf.

CAPÍTULO 7

Modelo da Mídia Única

JOE PULIZZI

As palavras, em minha não tão humilde opinião, são a nossa fonte mais inexaurível de magia, capazes de causar dano e remediá-lo.

J. K. Rowling, *Harry Potter e as relíquias da morte*

Não é a beleza de um prédio que se deve olhar; é a construção dos alicerces que suportarão a prova do tempo.

David Allan Coe

Já faz dez anos que falo sobre o tópico do marketing de conteúdo. Nesse período, o marketing de conteúdo se tornou uma força motriz, talvez a maior mudança que vi na abordagem do marketing. Estamos evoluindo lentamente de uma abordagem estratégica centrada no produto para outra mais centrada no público.

Ainda assim, os profissionais tendem a supercomplicar a ideia do marketing de conteúdo. Ainda existe a crença de que precisamos estar em toda parte onde nossos clientes estejam na internet. Que precisamos estar em todas as plataformas sociais (gostemos ou não). Que precisamos distribuir nossas histórias de onze maneiras diferentes todo dia. Que precisamos criar conteúdo viral (não me façam começar a falar disso).

Assim, quando subo no palco para dizer a profissionais de marketing dos Estados Unidos, da Finlândia, da Alemanha, da Austrália e do Reino Unido que desacelerem, que escolham os canais com cuidado, que talvez parem de publicar em alguns sites de mídia social e simplifiquem a estratégia, costumo receber rejeição.

"Simplista demais", ouço.

"A administração espera que publiquemos em todas as plataformas", ouço repetidamente.

"Precisamos de resultados imediatos" é um tema comum.

Só posso dizer que você deveria fazer zigue quando todos fazem zague. Deixe os concorrentes desperdiçarem tempo e recursos publicando cada vez mais conteúdo enquanto você vai e constrói um público fiel que gerará recompensas durante anos e anos.

Lembre-se: mais conteúdo não significa mais ativos. O ativo é o público, e o conteúdo é o que leva você ao ativo. Depois de desenvolver o ativo que é o público, então (e só então) você pode gerar receita e lucro.

Como Robert sempre diz, "Nossa meta não é criar mais conteúdo. É criar a quantidade mínima de conteúdo com a quantidade máxima de recursos".

UMA ABORDAGEM SIMPLIFICADA

Quando uma empresa de qualquer tamanho decide passar a criar conteúdo, a tendência é começar o mais cedo possível. Mas antes precisamos nos assegurar de que temos uma hipótese adequada para isso e que qualquer conteúdo que criemos terá sentido para o nosso público (ou público futuro) e para a empresa.

A seguir, estão as perguntas a que você precisa responder enquanto avança em qualquer abordagem de marketing, mas que serão especialmente úteis numa abordagem de conteúdo como modelo de negócio.

Perguntas sobre o quadro geral

Essas são perguntas amplas que precisam de resposta para dar início à sua estratégia documentada.

1. **Qual é o desafio?** Que desafio específico da empresa você está tentando resolver?

2. **O resultado final.** Qual é o resultado que sonhamos para essa abordagem?

3. **O risco.** Qual é o risco se você fracassar?

4. **Quem está envolvido?** De que permissão dos gestores você precisa para participar?

5. **O orçamento.** Quanto você gastará nessa abordagem?

6. **E se tudo der errado?** Qual o plano caso você não atinja as metas com rapidez suficiente, caso haja reclamações do cliente ou caso surjam outros problemas?

7. **Tempo.** Quanto tempo você tem para obter sucesso?

Essas são perguntas amplas por uma razão: a intenção é você ter a mentalidade certa antes de começar a falar de qualquer tipo de criação de conteúdo.

Seja mais específico

1. Qual a necessidade específica para atingir o objetivo? Criar *leads*, clientes melhores, *leads* de melhor qualidade, vendas diretas etc.?

2. Qual o tamanho da oportunidade? Essa oportunidade tem tamanho suficiente para compensar o gasto de tempo e/ou dinheiro?

3. Como a iniciativa se alinhará com os objetivos da empresa? Com o marketing existente?

4. Quais são os riscos? Identifique as fontes de risco para atingir as metas que você estabeleceu. Concentre-se nas coisas que você pode controlar e identifique o que pode fazer para minimizar a possibilidade dessas ocorrências.

Perguntas sobre o público

Agora que tem uma ideia do problema que está tentando resolver e da razão para criar conteúdo, você pode começar a se concentrar na persona.

1. Quem é o público-alvo? (Só pode haver um.)

2. Qual é a necessidade ou necessidades de conteúdo ou informações do público que dizem respeito a esse plano?

3. Como isso ajudará as pessoas do seu público no trabalho ou na vida?

4. Por que o público se importa com isso? (As pessoas se importam?)

5. Que proposta exclusiva de valor você oferece a essa pessoa? Que valor diferenciador você lhe traz?

Perguntas sobre conteúdo

É bom examinar minuciosamente o conteúdo. Se as informações não forem realmente diferenciadas e com competição limitada, há pouquíssima chance de você aparecer e conquistar atenção.

1. Que nicho de conteúdo você planeja atingir?

2. Que outras empresas oferecem esse tipo de informação? Você tem alguma oportunidade de se tornar um recurso importante na área? Como descobrir?

3. Há alguma possibilidade de adquirir um ativo externo existente em vez de desenvolver outro novo?

4. Onde essas histórias serão encontradas? Quem na empresa tem conhecimento para ajudar? Que ativos internos e outros conteúdos você já tem?

5. Que recursos (de pessoal ou outros) você não tem, mas vai precisar?

6. Como as histórias serão contadas (áudio, vídeo, texto)? Lembre-se, você quer se concentrar num tipo principal de conteúdo e numa plataforma principal de distribuição (um blog, uma revista, uma série de eventos, um podcast, uma série de vídeos etc.).

7. Que questões importantes do projeto ajudarão ou derrubarão o programa?

8. Em que plataforma faz mais sentido distribuir o conteúdo?

9. Você está criando uma nova marca de conteúdo ou aproveitando o produto ou a marca já existente na empresa?

Distribuição e mensuração

1. Como as informações serão encontradas pelo público?

2. Que ativos atuais você tem para distribuir o conteúdo? Que parcerias podem ser aproveitadas? Há um orçamento pago disponível?

3. Como saber que a iniciativa teve sucesso?

4. Que ferramentas de assinatura você usará para coletar informações sobre o público?

5. Quais os principais recursos que precisam ser criados para coletar os dados necessários?

6. Que outros departamentos você deveria envolver para maximizar o impacto?

7. Que tecnologia lhe falta para capacitar a colaboração e a mensuração? O que é preciso ter e o que seria legal ter?

8. Que comunicação interna será necessária para assegurar que o programa obtenha e mantenha a adesão?

9. Com que rapidez, considerando o ciclo de compra, você pode amarrar a iniciativa às vendas, à redução de custo ou à fidelidade do cliente?

10. Que questões internas têm de ser resolvidas para você ligar os assinantes à receita?

CRIAR A DECLARAÇÃO DE NEGÓCIO

Embora haja mais perguntas a fazer, responder às anteriores revelará as oportunidades e as lacunas do plano geral.

Agora, é bom pegar essas informações e criar uma declaração de negócio, que servirá de discurso resumido do projeto como um todo. Eis um exemplo.

Problema: Os engenheiros mecânicos (os nossos principais compradores e candidatos a compradores) que estamos coletando atualmente com os processos tradicionais de marketing costumam nos chegar tarde demais na jornada do comprador. Isso significa que, mesmo que a equipe de vendas consiga fazer contato e marcar uma reunião, tentamos ganhar o negócio só no preço e não no valor. Portanto, a rentabilidade tem sofrido impacto significativo nos últimos doze meses. Essa se tornou uma preocupação importante da administração.

Solução: Acreditamos que, se conseguirmos construir um público fiel de engenheiros mecânicos com o desenvolvimento de uma experiência excepcional de consciência da nossa marca, seremos capazes de contornar o processo de concorrência, aumentar a qualidade dos nossos *leads* (obtê-los na base de assinantes) e fazer mais negócios sem competição (sem dar descontos no preço do produto).

Os nossos engenheiros estão entre os melhores no projeto de equipamento de soldagem industrial (ESI). Atualmente, há três publicações que atendem ao processo de projeto e construção de ESI, mas nenhuma se concentra unicamente nisso. Acreditamos que, se feito corretamente, podemos nos tornar o principal recurso informativo da área, construir uma base fiel de assinantes entre os engenheiros mecânicos que projetam/constroem nessa área e então montar o nosso fluxo de *leads* a partir dessa base de assinantes, depois de uma série de eventos ocorrer e de atingirmos o nível adequado de classificação dos *leads* (assinar, se engajar, baixar material, comparecer a *webinars* etc.).

Depois de revisar todos os caminhos possíveis para a criação de conteúdo, acreditamos que uma combinação de blog e boletim eletrônico seria a mais apropriada. O plano inicial é criar duas postagens semanais no blog (às terças e quintas, com um boletim eletrônico no sábado) até termos um mínimo de cinco mil assinantes do boletim. A partir daí, aumentaremos a velocidade para três vezes por semana.

O incentivo para assinar o boletim será uma amostra grátis de modelo para o processo de projeto e construção. Ele já foi desenvolvido internamente por outro departamento, e temos a aprovação deles para redesenhá-lo e compartilhá-lo (é um arquivo valiosíssimo).

Acreditamos que o marco de cinco mil assinantes pode ser atingido em seis meses com promoção adequada, aproveitando nosso banco de dados atual e parcerias com empresas de mídia externas. Com uma jornada de compra de seis meses, acreditamos que começaremos a ver o impacto sobre a rentabilidade por volta do oitavo mês do programa, com a meta final de aumentar em 15% a rentabilidade média por venda. Considerando o orçamento e os recursos necessários para esse programa, acreditamos que entre o novo negócio e o impacto geral sobre a rentabilidade o programa gerará um retorno sobre o investimento de 5,5x num período de doze meses.

O que você acabou de ler é o tipo de relatório de uma página que seria apresentado à equipe administrativa. Nesse caso, a meta é apenas pôr no papel as suas ideias estratégicas para ter uma hipótese e um plano de negócio sólido para avançar nessa oportunidade.

Esse plano não é pétreo; ele pode e deve mudar e ser atualizado regularmente.

O MODELO SOLITÁRIO

A ESPN, criada em 1979 como canal de TV a cabo só de esportes, começou com um investimento de nove mil dólares de Bill e Scott Rasmussen. Quase quarenta anos depois, a ESPN é a marca de mídia desportiva mais valiosa do mundo, avaliada em 17 bilhões de dólares segundo a revista *Forbes*. Durante 13 anos, a ESPN voltou toda a sua atenção a um único canal: a televisão a cabo. Então, nos anos 1990, a empresa começou a diversificar rapidamente. Lançou a rádio ESPN em 1992, a ESPN.com em 1995 e a revista *ESPN the Magazine* em 1998.

Hoje, a ESPN tem presença em quase todos os canais e formatos disponíveis no planeta, do Twitter e do Snapchat a podcasts e documentários. Mas ela só se diversificou depois que a plataforma central (televisão a cabo) teve sucesso.

As maiores entidades da mídia de todos os tempos selecionaram um canal primário sobre o qual construir a sua plataforma:

- *Wall Street Journal* — jornal impresso
- *Fast Company* — revista impressa
- TED Talks — eventos presenciais

- *BuzzFeed* — revista online
- Rush Limbaugh — programa de rádio

A maior parte das empresas que correm para criar e distribuir mais conteúdo tenta publicar o máximo possível, no máximo possível de maneiras, no máximo possível de plataformas. Essa é uma proposta de fracasso. Com toda a franqueza, quem for historiador das empresas de mídia sabe que isso simplesmente não dá certo.

A ESTRATÉGIA DE MÍDIA ÚNICA

Em 2014, enquanto eu pesquisava para meu livro *Conteúdo S.A.*, a nossa equipe de pesquisadores examinou mais de cem marcas de sucesso da mídia, além de exemplos de marketing de conteúdo. Para a nossa surpresa, todos seguiam exatamente o mesmo modelo.

Cada criação de plataforma teve quatro atributos-chave:

- Um único público-alvo principal
- Uma única missão (ajuste)
- Um único tipo (primário) de conteúdo (áudio, vídeo, imagem/texto, presencial)
- Uma única plataforma (blog/website, iTunes, YouTube, Snapchat etc.)

Até o *Huffington Post*, que foi vendido ao AOL (hoje, Verizon) por 315 milhões de dólares, não começou com as centenas de blogs para centenas de públicos diferentes e quatro mil contribuidores. Começou com um único blog e uma única missão (tendendo à esquerda).

UM PÚBLICO E UMA MISSÃO

Além do modelo de negócio subjacente (como o dinheiro entra), há uma coisa que as empresas de mídia fazem com o planejamento de seu conteúdo que as empresas que não são de mídia não fazem.

É a criação de uma declaração de missão editorial. As empresas de mídia dão início à sua estratégia desenvolvendo uma declaração de missão editorial que guia o trabalho de criar conteúdo e serve de orientação para a empresa como um todo. Lancei mais de quarenta produtos de mídia em minha carreira, de revistas e boletins a eventos e programas de seminários pela internet. Em cada um desses lançamentos, os primeiros dias foram dedicados à criação e ao refinamento da missão editorial. Esse simplesmente o primeiro passo para criar uma estratégia de sucesso.

A missão do conteúdo

A declaração de missão é a razão para a empresa existir. É por que a empresa faz o que faz. Por exemplo, a declaração de missão da Southwest Airlines é democratizar a experiência de viajar. A declaração de missão da CVS é ser a drogaria de uso mais fácil para os clientes. Assim, em termos simples, a declaração de missão responde à pergunta “Por que existimos?”

Em essência, a sua declaração de missão precisa definir qual é o seu público específico e por que você está criando todo esse conteúdo.

Em *Marketing de conteúdo épico*, discuto três partes da declaração de missão do conteúdo:

- O público-alvo central
- O material que será fornecido ao público
- O resultado para o público

Nos bastidores: Digital Photography School

Darren Rowse construiu duas empresas de espantoso sucesso aproveitando o conteúdo como modelo de negócio. A primeira, ProBlogger, se concentra em blogs de pequenas empresas. A segunda, Digital Photography School, é uma das principais fontes para fotógrafos iniciantes que querem obter o máximo com sua habilidade ao tirar fotos.

Mas não começou assim. A princípio, Darren lançou um blog que fazia resenhas de câmeras. Como ele explica:

> Antes da ProBlogger, lancei um blog de resenha de câmeras que foi meu primeiro blog de tipo comercial e que chegou a ponto de ser um trabalho em horário integral, mas que não era um blog muito satisfatório de escrever. Num dia meus leitores vinham pesquisar uma determinada câmera e aí, sumiam e nunca mais voltavam. E eu sempre ficava com a insatisfação de não estar realmente construindo uma comunidade; acho que no fundo é isso que me alimenta, ter leitores constantes. Sempre quis um blog que fosse um pouco mais útil para ajudar as pessoas no longo prazo.

Depois que essa experiência inicial não deu muito certo, Darren voltou a blogar sobre fotografia, mas mudou o seu foco (o que chamamos de ajuste de conteúdo). O insight de Darren veio com esse foco num público específico.

"Acho que uma das dúvidas que tive pelo caminho era sobre o foco", diz Darren, que recorda:

> Bem no início, era para iniciantes; o conteúdo era muito básico, e eu não sabia direito se devia começar a expandir para conteúdo de nível intermediário, mas acabei ficando naquele material para iniciantes nos dois primeiros anos e foi aí que realmente construí o público, até que ele começasse a crescer até o próximo nível de conteúdo. Assim, não expandi os conhecimentos cedo demais, o que, em retrospecto, foi bom.

Essa decisão trouxe dividendos, e Darren viu o público total dos e-mails e da mídia social crescer até bem mais de um milhão de assinantes.

Vamos dar uma olhada na missão de conteúdo da Digital Photography School: "Bem-vindo à Digital Photography School, um site com dicas simples para ajudar os fotógrafos que usam câmeras digitais a extrair o máximo de seus aparelhos."

Dissequemos a declaração de missão:

- Público-alvo principal: fotógrafos que usam câmeras digitais
- Material que será fornecido ao público: dicas simples
- Resultado para esse público: extrair o máximo de seus aparelhos.

O ajuste de conteúdo

Como expliquei em *Conteúdo S.A.*, o ajuste de conteúdo é mais do que contar uma história diferente. É também **encontrar uma área educacional ou informativa com pequena ou nenhuma competição na qual você realmente tenha a oportunidade de se destacar no meio de todo o tumulto.**

Ao pensar sobre a Digital Photography School, com milhares de sites disponíveis que falam de fotografia, como Darren se destacou com pouco ou nenhum orçamento promocional?

Ele acreditava que a maior parte do conteúdo sobre fotografia na internet (1) se concentrava no fotógrafo profissional ou (2) tinha uma forma textual complexa com a qual era difícil se engajar. O ajuste de conteúdo de Darren, o modo como se destacou, foi a sua ideia e a capacidade de dirigir o foco para o público iniciante, com dicas úteis e constantes que os leitores pudessem usar de forma fácil e imediata.

Onde as empresas erram

O CMI trabalhou com uma grande empresa de tecnologia que estava com problemas em seu blog. Especificamente, havia mais de seis meses que o tráfego e as conversões diminuíam sem parar, e a equipe editorial não conseguia identificar o problema.

Só foram necessários alguns minutos de nossa primeira reunião para identificá-lo.

A equipe editorial afirmou que o blog tentava atrair até uma dúzia de públicos diferentes (as personas do comprador). O que logo determinamos foi que, para criar conteúdo relevante para cada público, a equipe editorial tinha de diluir o conteúdo. Isso criava uma experiência que podia ser encontrada em qualquer lugar da internet.

O resumo é que essa empresa não criava nada realmente diferenciado ou significativo porque tentava se dirigir a diversos públicos ao mesmo tempo.

As melhores empresas de mídia visam a um público de cada vez. Mais do que isso e não haverá esperança de obter relevância suficiente para aparecer em meio a todo o tumulto.

A tendência ao ajuste pelo desconforto

Adorei o livro *Ferramentas dos titãs*, de Tim Ferriss.

Uma das seções fala de James Altucher, ex-gerente de fundos *hedge* e várias vezes empresário. Em tempo curtíssimo, ele conseguiu cultivar seu público mais depressa do que quase todo mundo na internet. Como? Eis aqui, diretamente de James: "Todos temos, digamos, duas ou três dúzias de enormes pontos fracos com os quais todos podem se identificar. Basicamente, tento escrever sobre eles e, depois, sobre como me esforcei para me recuperar deles".

Então, Tim Ferriss diz que seguiu o conselho de James e se perguntou: "O que é difícil para mim e que me envergonha? E o que estou fazendo para resolver?".

Sejamos francos: é dificílimo, para marcas de qualquer tamanho, fazer isso com a criação de conteúdo e a narrativa de histórias, mas é necessário. Só responder às perguntas do cliente e cobrir o básico de seu nicho no setor são a consumação mínima. Você precisa dar um jeito de diferenciar o seu conteúdo.

Várias e várias vezes, quando Robert e eu visitamos marcas do mundo inteiro, descobrimos que o conteúdo que elas estão criando não tem nada de especial. Francamente, já foi feito. É um conteúdo seguro. Como diz Seth Godin, "Não podemos superar os concorrentes com obediência". O mesmo gera mais do mesmo, e você só desperdiça o tempo de todo mundo, tanto da empresa quanto do público que lhe resta.

É exatamente assim que é preciso pensar quando você decidir o seu ajuste de conteúdo. Agora é a hora perfeita de analisar o seu nicho de conteúdo, a missão editorial dentro desse nicho e se você está ou não atingindo a meta de conteúdo diferenciado. Se for como a maioria das empresas, provavelmente não estará.

Precisamos fazer o que Altucher diz: realmente ir aos pontos fracos do público, seja ele de engenheiros, seja de empresários. Se não sabe quais são esses pontos, converse com o seu público. Converse com os seus vendedores. Converse com o seu atendimento ao cliente. Os dados estão disponíveis, mas pode ser que não tentamos aproveitá-los.

Você tem a oportunidade de fazer aquilo que a maioria das empresas teme: falar realmente sobre o ponto fraco de seu conteúdo de forma autêntica e talvez embaraçosa. Não deveríamos nos sentir completamente à vontade com o nosso conteúdo. Ele deveria fazer a gente se encolher... só um pouquinho. Se fizer, você está começando a se aproximar do alvo.

Descubra o ajuste de conteúdo

Voltemos ao lançamento do Content Marketing Institute em 2010. Embora ocasionalmente eu usasse a expressão *marketing de conteúdo* nos nove anos anteriores, essa terminologia ainda era nova.

Na época, a expressão dominante no setor era *publicação personalizada*. A partir de conversas com profissionais de marketing em cargos de chefia (o público-alvo do CMI), vi que a expressão não reverberava com eles. Mas havia oportunidades para o marketing de conteúdo? Mudar a terminologia do setor poderia ser o nosso ajuste de conteúdo?

Usei a ferramenta Google Trends e examinei várias variações de palavras. Eis o que descobri em relação à expressão dominante no setor (*custom publishing*, publicação personalizada) e o termo em surgimento (*content marketing*, marketing de conteúdo).

- Publicação personalizada. Se essa fosse uma ação à venda, nós do CMI definitivamente não a compraríamos. A cada ano, as pessoas procuraram cada vez menos essa expressão. Além disso, muitos artigos não se referiam à nossa ideia de marcas que criam conteúdo, mas a livros impressos personalizados. Essa confusão era um problema.
- **Marketing de conteúdo.** A expressão nem se registrava no Google Trends. Comecei a achar que, se fosse criado o conteúdo certo em quantidade suficiente, seria possível iniciar um movimento em torno da expressão. Com a confusão em torno de outras expressões como *branded content* (conteúdo de marca) e *custom content* (conteúdo personalizado), era provável que o setor precisasse de uma expressão nova para reunir os principais líderes de pensamento. Além disso, sem um líder claro no grupo do "marketing de conteúdo", o CMI poderia agir depressa e ganhar participação no mercado de buscas, se trabalhasse direito.

Assim, a combinação de conversas com o nosso público e ferramentas gratuitas como o Google Trends ajudou a CMI a definir o seu nicho de conteúdo e "ajustar-se" em torno dessa mudança de nome. Hoje, *marketing de conteúdo* é uma expressão reconhecida no setor que ajudou o CMI a se tornar uma das empresas de mídia com crescimento mais rápido no mundo.

> O HubSpot, empresa de automação de marketing extremamente bem-sucedida, empregou a mesma estratégia com a expressão *inbound marketing* (marketing de atração). Em 2006, o HubSpot lançou um blog em torno do conceito e desenvolveu um livro (chamado *Inbound marketing: Estratégias práticas para empresas e projetos*), uma série de vídeos e um evento chamado Inbound. Como se pode ver, a comunidade se reuniu em torno da expressão e ajudou a levar o HubSpot a uma posição de liderança.

Um único tipo de conteúdo

De acordo com o Estudo de Referência de Marketing de Conteúdo do Content Marketing Institute/MarketingProfs, os tipos de conteúdo mais populares são os seguintes (em ordem de uso):

- Artigos ou postagens em blogs
- Histórias em texto publicadas em boletins eletrônicos
- Vídeos
- Eventos presenciais
- Relatórios ou artigos técnicos
- Webinars/webcasts
- Livros (impressos ou digitais)
- Revistas impressas
- Programas de áudio
- Boletins impressos

A maioria das histórias de sucesso da mídia recai nos seguintes tipos de conteúdo:

- **Artigos ou blogs (ou sites baseados em conteúdo).** A principal plataforma do CMI para construir público é a distribuição de conteúdo por meio de um blog. As postagens começaram três vezes por semana e hoje são diárias ou mais de uma vez por dia (inclusive nos fins de semana).
- **Programas de boletins eletrônicos.** O boletim eletrônico *Lenny Letter*, que tem como uma das criadoras Lena Dunham, do seriado *Girls*, tem mais de quinhentos mil assinantes, dos quais 70% abrem todos os números.
- **Vídeos.** Toda semana, Matthew Patrick, do canal Game Theory, publica um vídeo novo no YouTube.
- **Podcasts.** Todo dia, John Lee Dumas (*Entrepreneur on Fire*) apresenta uma nova entrevista num podcast.

Em cada um dos exemplos acima, as empresas cresceram e se diversificaram para outros produtos de mídia, como revistas, outros canais de vídeo, podcasts e muito mais. Mas cada um começou se concentrando num único tipo básico de conteúdo.

Uma única plataforma

Agora que você sabe como vai contar sua história (o tipo de conteúdo), é preciso decidir como vai fornecer o conteúdo — o canal. Em longo prazo, você distribuirá o seu conteúdo em vários canais, mas agora é preciso tomar a decisão sobre o canal "central".

É preciso considerar duas perguntas principais para tomar essa decisão:

- Que canal oferece mais oportunidades para atingir o seu público-alvo? (Alcance)

- Que canal lhe dá mais controle sobre a apresentação do conteúdo e a construção do seu público? (Controle)

O Copyblogger de Brian Clark tem controle quase infinito sobre o seu canal, um site do WordPress que lhe pertence. Ao mesmo tempo, o Copyblogger precisa construir um sistema para atrair pessoas ao seu conteúdo, pois o site não reside em outro ecossistema que possa lhe trazer tráfego naturalmente.

Por outro lado, o podcast *Entrepreneur on Fire* (EOF) e os vídeos do canal Game Theory têm uma possibilidade maior de alcance do que o Copyblogger, porque publicam dentro de um ambiente com público embutido. O *EOF* é publicado no iTunes, onde todo dia há milhões de pessoas em busca de novos podcasts. É a mesma coisa com o Game Theory. O seu público-alvo de adolescentes já está no YouTube todos os dias. Enquanto continuar a criar conteúdo cativante que o YouTube possa distribuir, Game Theory cultivará seu público lá.

O problema de *EOF* e Game Theory é que ambos aproveitam plataformas sobre as quais têm pouco ou nenhum controle. Game Theory tem mais de oito milhões de inscritos. Isso é extraordinário, mas tecnicamente não é o Game Theory que controla a relação com esses assinantes, e sim o YouTube. Amanhã o YouTube pode decidir que não quer que Game Theory tenha acesso a essas pessoas ou decidir divulgar outro conteúdo, como o de Jimmy Fallon, para o público de Matthew Patrick, em vez de Game Theory.

Pense no exemplo do duo Smosh, a sensação do YouTube que construiu um público de mais de vinte milhões de inscritos. Nos dois últimos anos, as chamadas no fim do conteúdo de seus vídeos eram para o site que os dois possuem, Smosh.com, onde poderiam levar as pessoas a se inscrever num programa de assinaturas por e-mail sobre o qual teriam controle. A questão aqui é que, se você escolher um canal com pouco controle como principal motor da distribuição de seu conteúdo, saiba que, em algum momento, será bom converter os assinantes daquela plataforma em seus próprios assinantes.

E as mídias sociais?

Embora canais sociais como YouTube, Snapchat e LinkedIn possam ser lugares ótimos para construir a sua pegada digital e obter seguidores, em última análise você não tem nenhum controle sobre o que essas empresas fazem com os seus contatos. É claro que o LinkedIn permite que os seus contatos atuais vejam todo o conteúdo que você publicar na plataforma, mas pode mudar de ideia amanhã; como empresa privada, tem todo o direito de fazer isso, e você, membro gratuito da comunidade LinkedIn, não tem direito nenhum.

Canais sociais como Facebook, Twitter, LinkedIn, Pinterest, Instagram e canais mais novos como Snapchat e Medium podem ser considerações sensatas para construir uma plataforma, dependendo de quem você quer atingir, mas é importante entender os perigos.

Veja as empresas de mídia que mais crescem hoje em dia, como BuzzFeed ou Vice. Você pode até examinar mídias tradicionais, como *New York Times* ou a revista *Time*. Todos são muito bons em aproveitar os canais sociais e construir público neles, mas não constroem sua plataforma principal sobre os canais sociais.

Em cada caso, elas construíram sites ou propriedades impressas (ambos com assinantes) que possuem e controlam e aproveitaram outros canais para levar as pessoas aos sites de sua propriedade para transformar visitantes num público que possam monetizar.

SUA MELHOR CHANCE DE RECEITA

Passei a primeira parte da minha carreira nas publicações de empresas para empresas. A métrica que dominava cada publicação em que trabalhei era o assinante. Chamada a princípio de desenvolvimento da circulação e hoje de desenvolvimento de público, nenhuma receita (o grande z-e-r-o) seria possível sem um grupo-

-alvo de compradores que assinassem uma ou muitas ofertas de conteúdo oferecidas pela marca de mídia.

Pense nisto: **sem assinantes, a receita estava ausente**. Essa é a mídia ontem, hoje e amanhã. Veja a principal publicação comercial de seu setor ou confira a ESPN, o *Wall Street Journal* ou o *New York Times*. Nenhum deles funciona sem assinantes.

Brian Clark, da Copyblogger Media, passou de "apenas um blog" para uma das empresas mais velozes de software como serviço (SaaS) do planeta. O segredo do seu sucesso: mais de duzentos mil assinantes segmentados que conhecem, gostam e confiam tanto no Copyblogger que acabam comprando praticamente tudo o que Brian põe diante deles.

Enquanto empresas maiores travam batalhas, se enredam na política e se dilaceram entre si concentrando-se em métricas (às vezes) sem sentido, **as empresas com paixão e paciência estão construindo públicos e vencendo**. Depois de construir o seu público, tudo é possível... e o assinante faz tudo isso acontecer.

A HIERARQUIA DOS ASSINANTES

Enquanto analisa a sua pegada digital e começa a construir o seu público, o foco precisa estar no alto dessa hierarquia (Figura 7.1). Em poucas palavras, os assinantes não são todos iguais. Se puder escolher, em última análise os assinantes por e-mail são os mais valiosos, devido ao controle.

- **Assinantes por e-mail.** Eles lhe dão o máximo controle e o acesso mais fácil. E-mails utilíssimos e relevantes passarão pelo crivo.

- **Assinantes de mídia impressa.** Você tem um controle incrível. A comunicação nunca é instantânea, e o feedback é difícil. Há o problema do custo devido à impressão e à remessa.

Figura 7.1	Embora todos os contatos possam ser bons, nem todos têm o mesmo valor

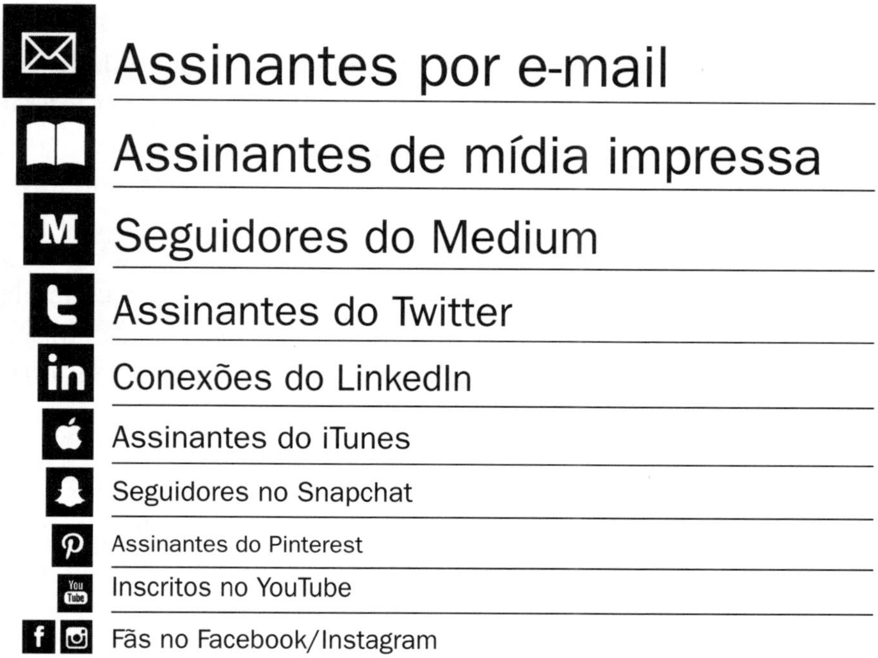

- **Seguidores do Medium.** O Medium está evoluindo para um sistema de gestão de conteúdo, como o WordPress. Por causa disso, permite a quem publica um certo controle sobre os dados do público.

- **Seguidores no Twitter.** Você tem total controle do que envia aos seguidores, mas as mensagens têm uma vida de oito segundos, e pode ser difícil atingir o seu público regularmente.

- **Conexões do LinkedIn.** Cada vez mais, o LinkedIn vem mudando o algoritmo e só lhe mostra algumas atualizações.

- **Assinantes do iTunes.** Aqui você tem total controle do fornecimento do conteúdo em áudio, mas o iTunes não lhe dá acesso a quem assina seu conteúdo.

- **Fãs do Snapchat.** Uma das melhores oportunidades de construir um público fiel, mas a plataforma é nova e só agora está descobrindo como se monetizar. As postagens não são guardadas, e a criação constante de conteúdo novo é obrigatória.

- **Assinantes do Pinterest.** O Pinterest oferece controle total do fornecimento de conteúdo. Os usuários verão seu conteúdo se assim quiserem. Não há propriedade definitiva sobre a plataforma.

- **Inscritos no YouTube.** Você tem algum controle do conteúdo, mas o YouTube pode retirar conteúdo seu se os inscritos não se envolverem com ele (a chamada "queima de inscritos").

- **Fãs no Facebook/Instagram.** O Facebook modifica constantemente o seu algoritmo, e isso está fora do seu controle. Os fãs podem ou não ver seu conteúdo, dependendo desse algoritmo, embora conteúdo de qualidade, útil e interessante tenha mais chance de aparecer. Quase sempre, o conteúdo promocional é derrubado pelo Facebook.

Embora você tenha mais controle com determinadas opções de assinatura, Jeff Rohrs, diretor de marketing da Yext e autor do livro *Audience*, é inflexível ao dizer que nenhuma empresa "possui" seu público: "A razão para o público estar em lugares diferentes é que nenhum público é de ninguém. Não importa que seja uma grande rede de televisão, um astro pop ou um time de futebol profissionais com fãs raivosos; simplesmente, ninguém é dono do público. As pessoas podem se levantar e ir embora, mental ou fisicamente, a qualquer momento".

É exatamente essa a razão para que o conteúdo utilíssimo e relevante seja a única maneira de manter o público ligado a nós, seja qual for a opção de assinatura que escolhermos promover.

Uma coisa é certa: se o e-mail é tão importante para esse modelo (e é), então você precisa ter um boletim por e-mail que valha a pena assinar. Por exemplo, o BuzzFeed ganhou popularidade devido ao compartilhamento social no Facebook e no Twitter. Quando o Facebook começou a mudar o algoritmo, cada vez menos seguidores do BuzzFeed viam as suas postagens. Isso começou a causar impacto sobre o tráfego no BuzzFeed. Para combater isso, o BuzzFeed se dedicou a construir assinantes por e-mail e acrescentou mais de um milhão de assinantes voluntários em 2015.

Para o modelo de marketing de mídia que propomos neste livro, o e-mail é absolutamente o melhor para monetizar o seu público. No CMI, 79% do nosso público assina o nosso boletim eletrônico antes de comprar alguma coisa de nós. Em poucas palavras: construa primeiro uma relação com o público (por e-mail) e depois terá a oportunidade de monetizar esse público.

Seu boletim eletrônico é valioso?

Em nossa pesquisa Content Marketing Institute/MarketingProfs, mais de 80% dos profissionais de marketing das empresas têm um boletim eletrônico. Deles, quase três em cada quatro usam o boletim como principal chamado à ação em torno de seus blogs, artigos e vídeos.

Sou fanático por boletins eletrônicos. Acredito que são fundamentais para qualquer abordagem substancial de marketing de conteúdo. Por isso, falo tanto deles nas minhas palestras. No ano passado, fiz umas vinte vezes a seguinte pergunta a vários públicos de marketing: "Seu boletim é realmente valioso para o seu público-alvo?"

Você sabe quantos levantaram a mão na afirmativa? Doze. (Registrei por serem tão poucos.) Só doze entre milhares acreditam que fornecem aos clientes uma experiência valiosa por e-mail.

Se for verdade (e acredito que é), consegue imaginar quanto tempo do nosso público, sem falar da nossa equipe, estamos desperdiçando? Ficou um pouco como as mídias sociais... como os e-mails são facílimos de enviar e, teoricamente, muito baratos, não dedicamos muito tempo à sua criação. Passamos a fazer parte do problema do excesso de mensagens, não da solução.

Com as plataformas de mídia social ficando pagas, não podemos mais nos dar ao luxo de continuar errando no e-mail.

Eis três considerações para um excelente boletim por e-mail:

- Constância. Todo boletim eletrônico ótimo é enviado na mesma hora todo dia/semana/mês. Isso significa que, se envia seu boletim às 10 da manhã da quarta-feira, você vai enviá-lo às 10 da manhã de todas as quartas-feiras até os dados lhe disserem para mudar. Não às 10h01. Não às 9h59. 10h. Desde a aurora do tempo, o marco das grandes empresas de mídia foi e sempre será a entrega constante de algo valioso.
- Crie a expectativa de uma experiência de conteúdo verdadeiramente fantástica.
- Realmente valioso. Você fornece informações fundamentais para o seu público-alvo? Sabe, a coisa sem a qual os seus seguidores não vivem. Não estou falando de cupons nem de descontos; estou falando de ideias reais que ajudarão os seus clientes a levar uma vida melhor ou a conseguir um emprego melhor.
- Exclusivo. Você está empilhando recursos ou links do seu blog e só juntando tudo num boletim para enviar por e-mail? Há algo realmente diferente que só venha nesse maravilhoso pacote do boletim eletrônico?

Veja, não é tão ruim assim. CVE: constante, valioso e exclusivo. É só isso mesmo.

Agora dê uma olhada no seu boletim eletrônico. Quanto dos três você acertou?

Robert e eu temos esperança de que esse modelo simplificado seja um sopro de ar fresco. Construir um público exige tempo, energia e dedicação, e a última coisa de que você precisa é criar um monte de conteúdo desnecessário em cem canais diferentes.

Ideias lucrativas

- Antes de começar a criar e distribuir conteúdo, é preciso assegurar a estratégia correta. Criar uma hipótese e discuti-la com a equipe é fundamental como primeiro passo.
- As maiores empresas de mídia de todos os tempos começaram se concentrando num público básico, aproveitando uma plataforma principal.
- Assinantes e contatos não são todos iguais. Embora possam ser valiosos, os contatos das mídias sociais não deveriam ser considerados tão valiosos quanto os assinantes por e-mail ou mídia impressa, que lhe dão mais controle sobre os dados.

Recursos lucrativos

- James Andrew Miller e Tom Shales, *Those Guys Have All the Fun: Inside the World of ESPN* (Little, Brown & Company, 2011).
- Darren Rowse, entrevista a Clare McDermott, fevereiro de 2015.

Recursos lucrativos *(continuação)*

- "About Digital Photography School", acessado em 25 de maio de 2017, https://digital-photography-school.com/about-digital-photography-school/.
- Jordan Valinsky, "With a 70 Percent Open Rate, Lenny Letter Looks to Video and Beyond", digiday.com, 16 de junho de 2016, https://digiday.com/media/lenny-letter-expansion-plans/.
- Wikipedia, s.v. "HuffPost", acessado em 25 de maio de 2017, https://en.wikipedia.org/wiki/HuffPost.
- "How Did BuzzFeed Harvest One Million Email Subscribers?", Wildcard Digital via slideshare.net, acessado em 25 de maio de 2017, https://www.slideshare.net/wildcard-digital/how-did-buzzfeed-harvest-1-million-subscribers.
- Brian Clark, entrevistas a Clare McDermott, janeiro de 2015, e a Joe Pulizzi, fevereiro de 2017.

CAPÍTULO 8

Hoje: o Começo

JOE PULIZZI

Compre terras, elas não são mais fabricadas.

Mark Twain

Quando tenta alguma coisa e fracassa, você fica em posição imensamente melhor do que se tentasse não fazer nada e fosse bem-sucedido.

Anônimo

Nessa nova abordagem de marketing, o sucesso não acontece da noite para o dia.

A Cleveland Clinic, uma das maiores redes hospitalares do mundo, começou a sua jornada de conteúdo como a maioria das outras empresas: com uma publicação de cada vez. Depois de anos acrescentando revistas direcionadas a diversos grupos de compradores (por exemplo, algumas revistas para pacientes), a empresa tomou a decisão de criar um verdadeiro destino para o conteúdo.

Chamado Cleveland Clinic's Health Hub, esse destino é uma das principais fontes de informação do mundo sobre problemas dos pacientes e atrai mais de quatro milhões de consumidores por mês.

Amanda Todorovich comanda o setor de mídia da Cleveland Clinic. O quadro "Início do programa" revela a história dela com as suas próprias palavras.

Início do programa

Nos últimos anos, a Cleveland Clinic aumentou nossas iniciativas de marketing de conteúdo a ponto de gerarmos uma receita significativa. Uma das primeiras maneiras de começarmos com isso, já faz quatro anos, foi com parcerias com agências para que outras marcas e publicações nos pagassem para utilizar nosso conteúdo em seus sites.

E essa continua a ser uma fonte de receita que vem crescendo substancialmente com o passar dos anos. Mas, em 2016, como nosso público cresceu muito, lançamos no nosso blog de fatos essenciais sobre saúde uma parceria com outra editora que gerencia a publicidade para nós.

Antes de assinar o contrato com nossa parceira, fizemos um teste pondo no site anúncios do Google, para ver quanta receita conseguiríamos gerar por conta própria e se precisávamos ou não de uma pessoa em tempo integral para gerenciar a venda de publicidade.

Quando começamos o processo de teste, o risco era baixo, porque, com o Google, poderíamos parar quando quiséssemos. Não estávamos comprometidos com nenhum prazo, o que realmente nos ajudou a entender os prós e contras, as perguntas que teríamos de fazer e as coisas que não éramos capazes de gerenciar por conta própria. Enquanto isso, também tínhamos nossa agência e assessoria para nos orientar e nos indicar o caminho na escolha de um parceiro, e ela que nos ajudou a avaliar algumas propostas que recebemos de parceiros em potencial.

A equipe que montamos está realmente concentrada em produzir conteúdo extraordinário e em servir aos nossos consumidores de saúde. Não temos equipe de vendas. Não temos aqui pessoas que se dediquem à venda de publicidade. Ficamos curiosos: quanta receita realmente conseguiríamos gerar com isso?

O foco na monetização era uma grande mudança. Assim, testamos. Gerava um dinheirinho, o que era bom, mas sabíamos com clareza que havia potencial de mais. Assim, lançamos um programa total de publicidade e geramos uma grande receita.

Em 2017, expandimos esse relacionamento para incluir, além do blog para consumidores, também o blog voltado para os médicos, e dobraremos a receita este ano.

Vender o programa internamente

Quando somos uma marca, há o risco de acharem que estamos endossando o anunciante ou que haja algum tipo de relação entre nossa empresa e a deles. Tivemos de fazer muita diligência prévia em termos do que diria a nossa política publicitária e que tipo de categorias bloquearíamos. Há determinadas áreas, como centro médico acadêmico e entidade sem fins lucrativos, que não podemos fazer.

Tivemos muitas conversas com as equipes jurídica e de relações públicas para entender os riscos para a reputação e o que queríamos fazer, e nos debruçamos sobre todas as diversas categorias que permitiríamos ou não.

Isso não mudou a nossa abordagem editorial e foi considerado um bônus em relação ao que já fazíamos, porque lançamos a nossa iniciativa de marketing de conteúdo para gerar consciência da marca e reputação nacional. Essa ainda era a meta número um.

Há vários anos, produzimos três a cinco postagens por dia nos blogs para o consumidor. Não pretendíamos aumentar isso drasticamente nem investir mais recursos. Queríamos nos limitar ao que já fazíamos, mas ao mesmo tempo gerar receita. Acreditamos que conseguiríamos com a nossa abordagem editorial de oferecer conteúdo útil, proveitoso e relevante ao nosso público. Manter isso foi fundamental. Obter adesão e apoio com antecedência fez uma grande diferença.

Fatores de sucesso

Pegamos a receita que geramos e a reinvestimos na criação de conteúdo. Isso nos permite continuar aumentando o nosso público e dá sustentação à meta de criar consciência da marca e construir reputação, o que, por sua vez, nos ajudará a gerar mais receita.

Esse modelo é um risco para qualquer empresa. Quando se começa a fazer uma coisa dessas e gerar receita numa empresa de um modo jamais previsto, todos começam a prestar atenção. Começam a perguntar como fazer mais.

Tivemos sucesso por causa do compromisso com uma abordagem editorial. Acho que, como marca, o arriscado é ficar ganancioso e fazer coisas que comprometem a verdadeira missão em nome de mais receita. Fomos muito fortes para assegurar que isso não acontecesse.

Isso provocou a pergunta: de que outra maneira o marketing pode gerar receita? Quando se começa a operar como uma empresa de mídia dentro de outra empresa, é possível ver todas as outras maneiras para as empresas de mídia ganharem dinheiro. Agora estamos pensando em eventos, números especiais e muitas outras possibilidades em que nunca pensávamos. Por que não?

Se não houvesse confiança no desempenho e na capacidade de avaliação do marketing, nunca haveria essa possibilidade. Porque os riscos existem. Mas os entendemos, transmitimos e provamos que estamos nos atendo à nossa missão e que o conteúdo que produzimos sempre serve aos interesses da empresa. Não teríamos sucesso se não construíssemos primeiro essa credibilidade na equipe executiva.

Olhando para trás

Quando começamos a ter essas conversas com parceiros, construímos os contratos com patamares de tráfego que eram onde estávamos na época. Sem acrescentar mais nenhum recurso nem desenvolver mais conteúdo, continuamos a aumentar o tráfego e a receita. Em poucas palavras, o grande conteúdo faz grandes coisas por qualquer marca.

Fomos muito abençoados pelo que todo o nosso trabalho árduo gerou, mas a estratégia, a abordagem, aquela dedicação, aquela constância do grande conteúdo que serve ao nosso público têm de lhe oferecer valor todos os dias. **E não se pode gerar receita com conteúdo se este não fizer isso pelas pessoas.**

Aumentar o programa

A aquisição [adquirir propriedades externas na internet] não fez parte do nosso plano de jogo. Mas eu diria, quando olhamos à frente, que a questão é como continuar pensando como mídia, pensando como editora, mas ainda ser fiel à marca e a quem somos. Temos ainda mais conteúdo digital próprio, propriedades digitais com potencial de gerar mais oportunidades de receita. Assim, a questão é explorar isso. É olhar a empresa toda e assegurar que quem publicar qualquer coisa sob nosso nome siga as melhores práticas que estabelecemos, entendendo realmente o que dá certo ou não, aproveitando os dados que temos, tanto de nossa própria análise quanto das coisas que nossos parceiros estão nos trazendo.

Nosso parceiro não está só vendendo anúncios. Eles são uma editora e, assim, têm grandes recursos para nós que foram valiosíssimos para nos ajudar a decidir o que fazer depois para melhorar os sites, onde investir para criar mais conteúdo ou que possibilidade pode haver nas nossas propriedades. A questão é aproveitar o que estamos aprendendo enquanto continuamos a evoluir.

Uma das conversas interessantes que tive com os líderes é a ideia do negócio de conteúdo. É o papel em que os departamentos de conteúdo e marketing terão de pensar.

Seja no tamanho, alcance e escala do que fazemos, seja numa pequena base caso a caso, a empresa precisa de alguém que entenda os riscos do negócio e o valor do nosso conteúdo e trate esse conteúdo como um ativo da empresa como um todo. As empresas que tomarem a decisão de ir nesse rumo têm de formalizar o processo dessa decisão e utilizar o conteúdo a favor da empresa de forma inteligente.

Conselho às empresas

Dê um jeito de testar. Dê um jeito de ter um estudo de caso ou um programa-piloto. Procure um ponto de entrada de baixo custo e faça algo que o ajude a determinar se é a direção certa para avançar. Pergunte aos interessados. Teste com o seu público e veja o que obtém, porque é difícil tomar decisões como essa sem nenhum dado, sem nenhuma noção do seu caso específico. Ter esses dados foi o que nos permitiu fazer isso em escala maior e continuar na nossa direção atual.

PÚBLICO MÍNIMO VIÁVEL

Eric Ries, no livro *A startup enxuta*, fala do conceito de produto mínimo viável (*minimum viable product*, MVP). De acordo com ele, o MVP é a "versão de um produto novo que permite à equipe coletar a quantidade máxima de aprendizado validado sobre os clientes com o mínimo esforço".

O conceito é simples: construa o mínimo produto possível, descubra se as pessoas pagarão por ele e use o feedback do cliente para manter a iteração e construir um produto melhor.

O mesmo conceito pode ser usado em nosso modelo de marketing de mídia, mas, nesse caso, seria um público mínimo viável (*minimum viable audience* ou MVA). Brian Clark, o fundador do Copyblogger, começou a usar essa expressão em 2012. Ele acredita que o sucesso do Copyblogger (que nunca lançou um produto ou serviço que fracassasse) se deve à construção de um público mínimo viável.

Clark afirma que o MVA tem três componentes:

1. Você recebe feedback suficiente com comentários, e-mails, redes sociais e sites noticiosos das mídias sociais para adaptar e desenvolver o seu conteúdo de modo a servir melhor ao público.

2. Você aumenta seu público organicamente, graças ao compartilhamento em mídias sociais por membros do público existente e pela mídia conquistada.

3. Você obtém uma noção suficiente do que as pessoas do seu público precisam para resolver os seus problemas ou satisfazer os seus desejos além da instrução gratuita que você oferece.

Depois de construir seu MVA, você pode começar a diversificar os seus canais e a testar outras estratégias de monetização. O desafio é que o MVA não é um número, necessariamente, mas é útil determinar um número. Michael Stelzner, fundador do Social Media Examiner, esperou até construir uma lista de dez mil assinantes antes de gerar receita. Para Matthew Patrick e seu programa Game Theory, o número foi de quinhentos mil inscritos no YouTube.

SUA BASE CENTRAL DE FÃS

Você já perguntou aos colegas sobre os seus blogs, os seus podcasts, o desempenho das suas revistas? Quase invariavelmente, a primeira coisa que eles citam é o tamanho. Dizem quantos assinantes têm, quanto tráfego conseguem ou qual é o público total dos seus produtos.

Agora, não me entenda mal... essas coisas são importantíssimas. Adoro dizer a quem quiser ouvir que temos cerca de duzentos mil assinantes no CMI. Mas tenho de me dizer que o tamanho nem chega perto de ser tão importante quanto a paixão da base central de fãs.

Em outras palavras, você tem fãs ou tem uma lista?

Soman Chainani é mais conhecido pela série de livros infantis *A escola do bem e do mal*. O primeiro livro (com o mesmo nome da série) vendeu mais de 1,5 milhão de exemplares, foi traduzido para 25 idiomas e logo será um grande filme.

Ao falar sobre o lançamento do livro, Soman diz: "A minha maior meta quando escrevi *A escola do bem e do mal*, o modo de transformar o livro num sucesso, não era ter mais leitores na mesma hora, mas ter os mais apaixonados... até hoje, passo uma hora por dia engajando os fãs".

Para ele, esse núcleo de fãs se tornou o seu marketing — e mais de um milhão de livros depois e a venda para um filme, tem dado bastante certo. E se parássemos de nos concentrar em quantos e começássemos a nos concentrar no específico *quem*?

Na entrevista com Victor Gao, da Arrow Electronics, encontramos a mesma coisa. Enquanto as grandes editoras do espaço de mídia eletrônica se concentravam em números cada vez maiores, a Arrow acreditou que poderia fornecer as melhores informações a setores e segmentos menores daquele público.

Talvez esse seja o maior erro que Robert e eu vemos: os profissionais de marketing correm atrás de mais e mais, em vez de se concentrar num público muito específico para, então, impactar esse público com informações constantes e extraordinárias que fazem o engajamento passar do gosto ao amor.

CONSTRUA O MODELO, DEPOIS DIVERSIFIQUE

Assim que começamos a construir um público de assinantes, podemos iniciar o processo de medição.

Em poucas palavras, qual é a diferença entre os assinantes que se engajam com o seu conteúdo e os que não?

Eles compram? Compram mais? Ficam mais tempo como clientes?

Qual é a mudança exata do comportamento?

De acordo com a Buyer Survey 2015 da SiriusDecisions, os possíveis clientes se envolvem em duas a doze interações com vendedores antes da compra, e, quanto mais alto o preço do serviço, mais contatos são necessários para o fechamento. Isso significa que, para os clientes confiarem e gostarem mais de nós, precisamos de mais opções de assinatura com base em conteúdo.

De acordo com dados empresariais internos do Content Marketing Institute, o nosso número mágico de assinaturas é três. Isso significa que os nossos clientes mais lucrativos, aqueles que mais compram diretamente de nós, geralmente assinam pelo menos três programas diferentes do CMI. Os leitores podem assinar primeiro o nosso boletim por e-mail depois de ler o conteúdo do blog. Então, podem assinar alguma das nossas séries de webinars. Em seguida, podem assinar a nossa revista *Chief Content Officer* e então, talvez, o nosso podcast *This Old Marketing*.

De acordo com a Topo, empresa de assessoria de marketing baseada em contas, a jornada personalizada do cliente exige mais de vinte contatos com o conteúdo, entre vendas, marketing e atendimento à conta. É por isso que o modelo da Arrow Electronics funciona tão bem. Depois de obter um público mínimo viável numa plataforma, precisamos desenvolver mais plataformas de conteúdo para criar clientes melhores. É por isso que empresas como o Copyblogger não pararam no blog. No caso do Copyblogger, foram acrescentados também uma rede de podcasts e um evento presencial (entre outras atividades). O mesmo acontece com o Alpha Universe da Sony (segmentado para fotógrafos), que começou com um simples blog e depois acrescentou um programa de treinamento e uma série de podcasts.

PROGRAME COMO NA TV

Jay Baer, escritor e palestrante especialista em marketing, acredita que o segredo desse tipo de pensamento é programar como uma rede de televisão. Principalmente no que diz respeito às mídias sociais, Jay ensina que os profissionais de marketing começam a pensar que tudo é uma coisa grande e única.

"Quase não faz sentido pensar nas mídias sociais como uma coisa só, porque os públicos, o tipo de uso, a tecnologia, os algoritmos, a frequência ideal e outras características de cada plataforma social continuam a divergir", afirma ele.

Isso significa que, depois de construirmos o nosso público mínimo viável, precisamos nos lançar a novas plataformas, exatamente como faria uma empresa de mídia — entendendo a meta, o público específico, como medir, a velocidade de publicação e a marca da série (ver a Figura 8.1).

Figura 8.1 Jay Baer defende que as marcas precisam ver o planejamento das mídias sociais exatamente como faria um executivo da televisão

Meta (1)	Resultado desejado	Resultado desejado	Resultado desejado	Resultado desejado	Resultado desejado
Objetivos (2)	Ações mensuráveis	Ações mensuráveis	Ações mensuráveis	Ações mensuráveis	Ações mensuráveis
Público (1-2)	Com quem você se comunica	Com quem você se comunica	Com quem você se comunica	Com quem você se comunica	Com quem você se comunica
Medição (1-3)	Como saber que está dando certo (ou não)	Como saber que está dando certo (ou não)	Como saber que está dando certo (ou não)	Como saber que está dando certo (ou não)	Como saber que está dando certo (ou não)
Frequência	Postagens esperadas por semana	Postagens esperadas por semana	Postagens esperadas por semana	Postagens esperadas por semana	Postagens esperadas por semana
Programas (2)	Sua programação principal e constante	Sua programação principal e constante	Sua programação principal e constante	Sua programação principal e constante	Sua programação principal e constante

Exemplo de estratégia de um canal no YouTube

Yeti aperfeiçoa a estratégia no canal do YouTube

A Yeti, fabricante de produtos para a vida ao ar livre (começou com caixas térmicas), aproveita com perfeição o planejamento de conteúdo no seu canal no YouTube. A empresa usa a plataforma para publicar vídeos de novos produtos, mas o mais importante foi ter criado canais individuais para públicos específicos, como:

- Histórias que comemoram a paternidade (#MyOldMan).
- Canais separados para caçadores e pescadores.
- Uma série Yeti Presents que destaca aventureiros e a vida campestre.

A estratégia do banquinho de três pés

Vinte anos atrás, quando comecei no ramo editorial, usávamos uma estratégia antiquada chamada "banquinho de três pés". O conceito era que, para ser o principal recurso e fornecedor de conteúdo do setor, precisávamos ser um fornecedor especializado de informações digitais, impressas e presenciais — os três pés do banquinho — para o nosso público-alvo.

O engraçado é que essa estratégia se tornou o centro da eficácia do marketing de hoje nas empresas de mídia e nas marcas de produto envolvidas em conteúdo. No passado, algumas empresas de mídia começaram com eventos ou revistas e evoluíram para as outras áreas. Hoje, o caminho é bem simples: construa um público online e depois diversifique com eventos e mídia impressa.

Por que a estratégia do banquinho de três pés é tão importante? O que vemos na maioria das empresas é que, em geral, quanto mais nos comunicamos com o cliente em múltiplos canais fora da comunicação sobre produtos e serviços, mais esse integrante do público se tornará um cliente melhor.

Acrescentar mídia impressa e eventos à mídia digital

Estamos no setor das experiências. Criamos essas experiências com conteúdo valioso e constante. Embora a maioria dos concorrentes se concentre apenas nas experiências digitais, as marcas espertas veem oportunidades fora da internet.

Agora, quero que você pense nos melhores exemplos de marketing de conteúdo que conhece. Os Red Bull, os Lego, os Marriott. Sabe o que todos eles têm? Adivinhou... têm revistas impressas de excelente qualidade e experiências extraordinárias com eventos.

É claro que não é só mídia impressa e eventos... há muitíssimos canais para nos comunicarmos com o nosso público. Mas o que funcionou nos últimos vinte anos são as estratégias fora da internet, exatamente aquelas que tantos profissionais de marketing esquecem.

Hoje, o fornecedor confiável de conteúdo precisará continuar se concentrando nos três principais pés do banquinho: internet, mídia impressa e eventos presenciais. Se estiver com dificuldades para chegar à estratégia de marketing de que precisa, talvez esteja realmente faltando um pé no seu banquinho.

DOIS MÉTODOS PARA A ADESÃO

No Capítulo 10, Robert dará um mergulho meticuloso em como começar a entrar nesse modelo, mas aqui é importante falar sobre duas coisas. Durante os meus anos no marketing, vi dois métodos funcionarem melhor na hora de conseguir adesão a novos projetos de marketing de conteúdo ou a orçamentos adicionais.

O piloto

Como muita gente sabe, antes que um programa de televisão seja aceito por uma rede, é produzido um piloto. O piloto é uma amostra do que está por vir e dá aos executivos da rede feedback suficiente dos consumidores para que saibam se devem ou não produzir mais episódios.

Ao se dispor a construir o seu público mínimo viável, se apresentar o seu plano como um piloto você verá imediatamente os principais tomadores de decisão baixarem a guarda. Não é tanto um compromisso, mas uma mudança completa do modelo de negócio para o marketing. Mas, ao vender o piloto, não se esqueça de incluir o seguinte:

- A duração do piloto: deveria ser de, pelo menos, doze meses.
- A meta geral do piloto, ou como o negócio ficará diferente depois do piloto.
- Métricas combinadas: se forem atingidas, você poderá continuar com "mais episódios". Essas métricas podem ser o aumento dos *leads*, mais assinaturas, menos tempo para fechar negócio e/ou um aumento dos *leads* de "qualidade", para citar algumas.

Medo

Quando tudo falhar, o medo pode funcionar tão bem ou melhor do que um argumento racional. Se mostrar que os concorrentes estão usando a mídia em proveito próprio *e com desvantagem para vocês*, com certeza você conseguirá chamar a atenção de alguém.

Para que o plano do "medo" funcione, antes é preciso pesquisar a concorrência. Escolha a empresa com melhor marketing no seu campo e determine:

- Quantos assinantes (e-mail, Facebook, Twitter etc.) de conteúdo ela tem em comparação com vocês?
- Como ela se classifica nos principais termos de busca, comparada à sua classificação?

- Como se compara em termos de compartilhamentos em mídias sociais?
- A reputação da empresa na internet é positiva?
- Quais são suas atividades de recrutamento? (O concorrente está conseguindo os melhores talentos?)

Esses são só alguns itens. Nessa estratégia, o segredo é determinar o que tem importância fundamental para o principal tomador de decisão e então direcionar a argumentação. Mostre claramente de que modo o concorrente está usando determinadas estratégias de conteúdo que deixam vocês (e seu conteúdo) vulneráveis.

CONSTRUIR OU ADQUIRIR?

Em 2014, participei de uma reunião de marketing com um dos maiores produtores de bens de consumo do mundo. A discussão se concentrou na construção de público por meio de conteúdo em vários mercados. Em alguns desses mercados, a empresa já tinha construído uma sólida plataforma de conteúdo. Em outros, não havia nada à vista.

O plano discutido era uma estratégia de aquisição de várias propriedades com que a empresa faria contato e, se a negociação desse certo, da compra de blogues e propriedades de mídia que já tinham público e plataforma de conteúdo montados.

Às vezes faz sentido construir. Outras vezes, faz sentido comprar.

Apresse o processo

Os sites de blogues e as empresas de mídia têm duas coisas que queremos e necessitamos.

A primeira é a capacidade de contar histórias. Eles têm as pessoas e os processos que produzem conteúdo admirável com constância.

A segunda, talvez mais importante, é que os sites de blogues e mídia vêm com público embutido.

Embora as estratégias de fusão e aquisição aconteçam desde que a primeira empresa de mídia foi fundada, recentemente as empresas externas à mídia começaram a entrar no jogo. A loja de equipamento fotográfico Adorama montou um grupo comprador quando a revista *JPG* ia fechar. O grupo obteve acesso não só à plataforma e ao conteúdo da *JPG* como aos seus trezentos mil assinantes (que, por acaso, eram clientes e possíveis clientes da Adorama). E, como talvez você se lembre, entre 2015 e 2016 a Arrow Electronics gastou milhões para comprar 51 propriedades de mídia.

O processo de aquisição de uma plataforma de conteúdo

O CMI comprou várias propriedades para aumentar a sua plataforma, como uma conferência na Costa Oeste americana chamada Intelligent Content Conference e um programa de prêmios apelidado (de forma muito apropriada) de Content Marketing Awards. Tomamos a decisão de que comprar essas plataformas fazia mais sentido do que criá-las do nada e depois competir com elas. Além de tudo isso, em 2016 o próprio Content Marketing Institute foi vendido para a UBM, grande promotora de eventos do Reino Unido, que decidiu adquirir uma plataforma no espaço de marketing de conteúdo em vez de construí-la por conta própria.

Em *Conteúdo S.A.*, meu livro anterior, detalhei os passos necessários quando se pensa em comprar uma plataforma externa. Eis uma revisão rápida:

1º Passo. Determine a sua meta

Como qualquer boa decisão de negócios, comece determinando as razões pelas quais faria sentido comprar uma plataforma de conteúdo existente. Entre os seus objetivos comerciais para a compra podem estar:

- Cobrir uma área geográfica na qual sua empresa está ausente hoje com um componente presencial. A meta suprema seria alcançar mais clientes para vendas cruzadas, venda de produtos mais caros e redução da rotatividade de clientes naquela região.

- Inserir sua marca na conversa sobre um tópico pelo qual você não é bem conhecido. Digamos que você fabrique um determinado tipo de aço e identificou alguma utilidade para ele no setor de petróleo e gás. Então, talvez faça sentido procurar sites ou eventos menores de petróleo e gás e se tornar, imediatamente, uma parte digna de crédito do léxico do setor.

- Para atingir objetivos com assinaturas. É bem provável que a plataforma venha com um público embutido para você alimentar, cultivar ou aproveitar para vendas cruzadas.

- Para comprar junto com a plataforma os ativos de conteúdo propriamente ditos e a otimização de buscas e os benefícios de compartilhamento a eles associados.

- Para adquirir talentos. Por exemplo, em novembro de 2016 a CNN comprou, por 25 milhões de dólares, o aplicativo de vídeo Beme, do astro do YouTube Casey Neistat, sobretudo pelo talento, não pela plataforma.

2º Passo. Identifique claramente o público

Para que isso dê certo, é preciso ter compreensão clara da lacuna de público que você está tentando preencher. Por exemplo, o CMI busca profissionais de marketing em posição de comando em grandes empresas para a nossa revista *Chief Content Officer*. Visamos gerentes e diretores de marketing, relações públicas, mídias sociais e otimização de mecanismos de busca (os "fazedores") de empresas médias e grandes para o nosso evento Content Marketing World.

3º Passo. Faça a sua lista breve de plataformas

Depois de identificar o objetivo e o público, comece a fazer uma lista das plataformas relevantes que o ajudarão a atingir as suas metas. O segredo é evitar quaisquer limitações nesse momento. Você pode listar eventos, sites de blogs, sites de mídia, sites de associações e talvez até alguns sites diretamente da sua lista de influenciadores.

Quando estiver fazendo a lista, é prático pôr tudo numa planilha contendo informações relevantes sobre os assinantes, como:

- Data inicial
- Número atual de assinantes
- Fontes conhecidas de receita (liste cada uma delas)
- Estrutura de propriedade (por exemplo, blog independente ou empresa de mídia)

Para uma conferência ou feira comercial, eis uma lista de ativos que procuramos para comprar um evento:

- Número de frequentadores (nos últimos dois anos) com percentual de crescimento (ou queda).
- Número de expositores (nos últimos dois anos) com percentual de crescimento (ou queda).
- Número de parceiros na mídia (últimos dois anos).
- Localização regional geral.
- Custo da inscrição (tabela de preços).
- Valor de prestígio (essa é uma taxa subjetiva que determina o prestígio do evento; uma escala de cinco pontos deve servir).

- Possibilidade de criar uma plataforma de mídia em torno do evento (mais uma vez, algo numa escala de cinco pontos é suficiente). A ideia aqui é que pode haver potencial para transformar o evento numa plataforma de mídia totalmente funcional, com conteúdo online, eventos na internet etc.

4º Passo. Aborde a melhor oportunidade

Há duas abordagens que recomendo e já vi as duas darem certo. Você pode entrar em contato com a melhor escolha e ver aonde vai a conversa. A questão é que você vai pôr todos os ovos numa cesta só. Uma opção melhor seria abordar as três melhores escolhas ao mesmo tempo e lhes transmitir sua intenção (que você está interessado em comprar o site, evento etc.).

Provavelmente você se espantará com as reações que vai receber. Alguns operadores nunca imaginariam que seriam abordados com uma proposta de compra. Outros (provavelmente, os que têm histórico na mídia) já terão uma ideia exata da sua estratégia de saída e do que procuram.

Nesse ponto, o segredo é começar as discussões, para você avaliar onde pode estar o potencial de interesse. A pior das hipóteses ao abordar um possível vendedor que não esteja interessado em vender é que agora você tem potencial para cultivar um relacionamento a partir desse primeiro contato. Em poucas palavras, nunca se sabe quando as intenções vão mudar, e agora você tem a primazia caso mudem.

5º Passo. Determine o valor de compra

Nos eventos e propriedades menores da internet, há uma medida-padrão (chegaremos lá num segundo), mas a primeira parte é fundamental: imagine o que o dono quer. Assim como você faz com os seus influenciadores, o seu serviço é descobrir quais são as metas e aspirações do dono da plataforma. Talvez sejam só monetárias (embora seja improvável). Talvez o dono esteja procurando uma nova oportunidade, ou desesperado para sair do negócio (muitos donos de blogs ou eventos nunca imaginaram que o seu projeto cresceria mais do que conseguem administrar ou que numa direção diferente da que pretendiam).

Por exemplo, a Arrow Electronics queria as plataformas digitais, enquanto a UBM queria manter os eventos presenciais. Mais tarde eles fizeram um acordo no qual a Arrow adquiriu a propriedade da plataforma, mas ainda tinha de promover os eventos presenciais da UBM. Só foi preciso isso e o acordo se fez.

Como eu disse, há um processo apropriado de avaliação de eventos e propriedades menores da internet. Para isso, vocês dois precisam assinar um acordo mútuo de sigilo para a proteção de ambos os lados. Em seguida, é bom requisitar o balanço patrimonial da empresa nos dois anos anteriores, pelo menos. Você também precisa ver a documentação sobre acordos de patrocínio vigentes e outros contratos que a empresa tenha para confirmar que o balanço pode ser verificado. (Nota importante: as especificidades legais variam muito, portanto consulte os seus advogados antes de abordar qualquer oportunidade.)

Na compra de websites, alguns negócios são feitos "por assinante", outros com base no lucro líquido. Num exemplo em que trabalhei pessoalmente, um acordo de mídia se baseou no pagamento de um dólar por assinante. Noutro, foi o quíntuplo da receita, pago num período de dois anos. Em geral, as conferências menores valem cerca de cinco vezes o lucro líquido (por exemplo, se o lucro anual da conferência for de cem mil dólares, você pagaria quinhentos mil pela propriedade).

Vejamos o exemplo de uma pequena conferência:

Frequentadores: 250
Expositores: 20
Receita US$ 400.000
Despesas: US$ 300.000
Lucro líquido: US$ 100.000
Valor geral do negócio: US$ 100.000 × 5 = US$ 500.000

Há mais algumas coisas que entram no cálculo, mas o valor geral estimado desse evento ficaria por volta de quinhentos mil dólares.

6º Passo. Faça a sua oferta

Antes da oferta formal, é bom se assegurar de que seu preço está na faixa certa e que o dono concorda com o básico de seus termos. Se tiver essa concordância, você precisará que o dono do evento assine uma carta formal de intenções. A carta de intenções deixa claro que ambos os lados concordam em continuar a conversa e levar a relação ao próximo nível do processo; na aquisição de empresas, equivale ao noivado, que não é um ato significativo nem com consequências jurídicas em si, mas serve de declaração oficial de intenções. (Nota: consulte advogados especializados ao criar uma carta formal de intenções.)

7º Passo. Inicie as negociações finais

Agora, antes de assinar qualquer coisa, pense nessas últimas questões:

- Que listas de e-mails e de material impresso estão disponíveis?
- Quais os ativos disponíveis? Vídeos? Postagens em blogs? SlideShares? Pode ser necessária uma auditoria completa dos ativos da empresa.
- Quais são os canais sociais em uso?
- Quem são os principais influenciadores nesse espaço com quem deveríamos fazer contato? Peça informações de contato e áreas de especialização (se necessário).
- Com que fornecedores a empresa trabalha? Quais ela recomendaria?

- Os criadores de conteúdo são funcionários ou autônomos?

Nos trinta a sessenta dias seguintes, você vai elaborar um acordo formal de compra de ativos e revisar toda a documentação para ter certeza de que todos os fatos, números e discussões sejam exatos e verificáveis. A partir daí, os contratos são assinados, seguidos pelo espocar das rolhas das garrafas comemorativas de champanhe.

AVALIAÇÃO E MELHOR USO DO DINHEIRO

Alguns meses antes da publicação deste livro, tive a oportunidade de me sentar com dois executivos de marketing de duas empresas entre as 100 maiores da revista *Fortune*. A conversa girou em torno da defesa, dentro da empresa, da compra de uma empresa de mídia como parte da estratégia de marketing de conteúdo.

Esses dois executivos defendiam o conteúdo dentro de suas empresas, mas estavam com dificuldade de explicar por que a empresa deveria "sequer" pensar em comprar uma empresa de mídia.

A solução: avaliação e dinheiro.

Descobri que ambas as empresas estavam cheias de dinheiro e procuravam novos veículos de investimento. Contei-lhes a história da Arrow Electronics e o modo como o investimento que a Arrow fez em 51 marcas de mídia aumentou a avaliação geral da empresa, já que as propriedades de mídia eram lucrativas. Mesmo com uma avaliação baixa de cinco ou seis vezes a receita, investir dinheiro em propriedades de mídia seria uma decisão fiscal inteligente, sem nem citar o ângulo do "marketing".

Portanto, se você procura razões alternativas para a adoção de um modelo de marketing de mídia e se o programa-piloto ou o medo provocado não derem certo, a ideia de um uso melhor do dinheiro talvez dê.

SE AVANÇAR, LEVE O QUE FAZ A SÉRIO

Um de meus filmes favoritos é *Garra de campeões*. É a história do lamentável time de beisebol dos Cleveland Indians que chega às finais contra todas as probabilidades.

Em determinado momento do filme, Lou Brown, o diretor dos Indians, diz ao time: "Parece que a imprensa local acha que a gente pouparia o tempo e o esforço de todos se fosse ali no cantinho e desse um tiro na cabeça."

Grande motivador, esse Lou Brown.

Por que isso é relevante toda vez que olho o estudo de referência mais recente do Content Marketing Institute/MarketingProfs?

Especificamente, o trecho sobre "poupar o tempo e o esforço de todo mundo".

Veja, um dos tesouros da pesquisa de 2017 foi nosso achado sobre o nível de dedicação ao marketing de conteúdo. Em termos gerais, quando olhamos empresas do mundo inteiro, só 20% dos profissionais de marketing responderam que eram "totalmente dedicados" ao marketing de conteúdo.

Isso é importante porque esses 20% foram os mais estratégicos, mais maduros e mais bem-sucedidos na sua abordagem. O nível de dedicação permitiu prever o sucesso.

Talvez você pergunte o que os outros 80% faziam para explicar por que *não* se dedicavam completamente. Para falar francamente, os dados dizem que estavam desperdiçando o tempo de todo mundo.

Veja, ou você se dedica à abordagem do modelo de negócio de conteúdo ou não se dedica. Caso se dedique, a probabilidade é que, com o tempo, tenha sucesso. Caso não se dedique, provavelmente não terá sucesso. (E a maioria dos profissionais de marketing se diz "dedicada em parte" ao marketing de conteúdo; o que isso significa? Você está grávida ou não, certo?)

Portanto, se você se dedica inteiramente a essa abordagem, ótimo. Vá em frente.

Se você não se dedica e ainda está criando todos esses blogues, podcasts, artigos especializados e livros eletrônicos, é melhor dar uma olhada no espelho. É bem provável que bastante dor o espere em seu caminho.

E, para citar outro dos meus livros favoritos, *Um sonho de liberdade*: "Ocupe-se vivendo ou ocupe-se morrendo." Não que o marketing seja algo de vida ou morte, mas você entendeu.

Com o marketing, é tudo ou nada. Gambiarras não se aplicam.

O QUE PODE ACONTECER DE PIOR?

Em janeiro, fiz uma oficina para um grupo de profissionais de marketing de empresas industriais. Todos criavam conteúdo de alguma forma, principalmente postagens em blogues e artigos especializados, e alguns livros eletrônicos. Um deles trabalhava numa série de vídeos.

Nenhum desenvolveu uma estratégia formal para nada disso. Cada um dos programas foi projetado como atividade para gerar demanda e levar a algum tipo de conversão... geralmente, uma oportunidade de venda. Era previsível, na verdade. É o que costumamos ver.

Portanto, vamos falar sobre risco. Todas essas pessoas inteligentíssimas estão arriscando muito com a execução, mas não fizeram a parte do processo que realmente não tem risco: o plano. Vejo isso o tempo todo com investidores e com o mercado de capitais. Com uma dica ou a leitura de uma reportagem, o investidor arrisca o mundo e faz uma operação sem nenhum sinal de plano.

Entendo... os planos são chatos. A diversão está toda na execução. E, sim, todo o risco.

Então, como mitigar o risco? Com um plano sensato que inclua uma boa fundamentação e metas passíveis de serem atingidas. Isso significa começar com um público, concentrar-se num destino do conteúdo e construir o público com o passar do tempo. É assim que começaram todos os sucessos das empresas de mídia e os exemplos de marketing de conteúdo.

Sabemos disso... mas ninguém faz. Procuramos a solução rápida e acabamos gastando tempo num conteúdo que causa pouco ou nenhum impacto sobre o mundo.

Neste momento, há alguém na sua empresa que está criando conteúdo sem planos. Há pessoas em toda a sua empresa criando cada vez mais conteúdo sem uma estratégia de negócio real.

Vamos supor, em termos da pior das hipóteses, que o plano que você seguir com base neste livro não dê certo. O pior que pode acontecer será você ter uma boa ideia de todo o conteúdo que está sendo criado e começar a criar um processo que dê valor à criação de conteúdo. Essa é a pior coisa que pode acontecer.

Mas também é possível que você mude o mundo. Você está prestes a apostar num curso de ação diferente de quase todas as outras empresas do planeta.

Talvez o risco valha a pena.

Ideias lucrativas

- Experiências de comunicação mais valiosas com os clientes levam ao melhor comportamento de compra. É por isso que as marcas inteligentes oferecem várias opções de assinatura de conteúdo.
- Depois de construir um público numa plataforma digital, pense em plataformas fora da internet, como eventos ou uma revista impressa.
- Uma das grandes tendências que veremos nos próximos cinco a dez anos serão marcas comprando empresas de mídia, assim como sites de blogueiros e influenciadores.

Recursos lucrativos

- Amanda Todorovich, entrevista a Clare McDermott, fevereiro de 2017.
- Brian Clark, "5 Ways Minimum Viable Audience Gives You an Unfair Business Advantage", copyblogger.com, 14 de março de 2014, http://www.copyblogger.com/unfair-business-advantage/.
- Eric Ries, *The Lean Startup* (Crown Business, 2011).
- Michael Stelzner, entrevista a Clare McDermott, janeiro de 2015.
- Tim Ferriss, *Tools of Titans* (Houghton Mifflin Harcourt, 2016).
- Jay Baer, "Think like a Television Network to Create a Winning Social Media Strategy", convinceandconvert.com, acessado em 26 de maio de 2017, http://www.convinceandconvert.com/social-media-strategy/think-like-a-television-network-to-create-a-winning-social-media-strategy/.
- Página do Yeti no YouTube, acessada em 26 de maio de 2017, https://www.youtube.com/user/YetiVideos/featured.
- Steven Fehlberg, "CNN Buys Casey Neistat's Video App Beme", cnn.com, 28 de novembro de 2016, https://www.wsj.com/articles/cnn-buys-casey-neistats-video-app-beme-1480353128.

CAPÍTULO 9

E Agora: Lições Aprendidas ao Longo da Transformação

ROBERT ROSE

Transformação significa literalmente ir além de sua forma.

Wayne Dyer

Às vezes, não ter nenhuma ideia de para onde estamos indo funciona melhor do que poderíamos imaginar.

Ann Patchett, *What Now?*

Então, e agora? Você veio do Capítulo 8 e diz: "Estou dentro". Mas como vamos realmente transformar o marketing? Sejamos francos: uma transformação completa do departamento de marketing não vai acontecer só porque decidimos que seria bom. Haverá muitíssima gente a consultar, detalhes a solucionar... e processos evolutivos a seguir.

Hoje em dia, em muitos casos tudo começa com o "*business case*" ou "mapa". Em geral, isso é uma declaração de visão maravilhosamente redigida, seguida por propósitos, novos gráficos organizacionais, iniciativas estratégicas, orçamentos e mudança de prioridades no trabalho que será feito.

E sejamos claros: isso é importante. Mas o fundamental é que, só porque esse trabalho foi feito, não significa que o resultado ou as consequências estejam claros. A essência de qualquer transformação está no trabalho real que vem depois. Se realmente acreditarmos que essa evolução pode até fazer algum sentido em parte de nossa estratégia, ela afetará tudo o que fizermos. Mudará o modo como fazemos a contabilidade, o modo como vendemos, prestamos serviço e mantemos clientes, o modo como organizamos as relações públicas e até o desenvolvimento de produtos e a pesquisa e desenvolvimento.

Como dissemos com frequência e de várias maneiras neste livro, matar o marketing que conhecemos será diferente para a empresa de 150 anos e para a empresa iniciante recém-fundada no Vale do Silício. Talvez não venha num único golpe rápido e seja feito de projetos para muitos anos que se estendem em estratégias regionais e até globais. Mas há um tema comum que encontramos nas empresas que, embora em partes diferentes de sua jornada, têm sucesso com essa transformação. É que se dispõem a tentar. Reconhecem que o marketing de hoje não basta e que a empresa precisa, basicamente, evoluir se quiser prosperar.

Considere esses três exemplos muito diferentes.

ZAPPOS

Como já discutimos num capítulo anterior, a Zappos construiu uma plataforma de marketing completa que gera receita: o Zappos Insights Program. Mas não termina aí. A empresa desenvolve continuamente “produtos” novos que servem à sua função de marketing. Nesta entrevista, Christa Foley, da Zappos, nos fala de alguns desafios que os seus profissionais de marketing enfrentaram.

PERGUNTA: Como você vê o desenvolvimento de iniciativas inovadoras para o cliente e o conteúdo?

Christa: Há duas grandes iniciativas que esperamos pôr em prática. A primeira, que me empolga muito, visa aos principais líderes dos nossos clientes em algumas áreas básicas, mas, de forma mais específica, ao trabalho de recursos humanos em torno da cultura e do atendimento ao consumidor. Agora, como esses clientes querem nos ouvir sobre esses tópicos, estamos lançando o programa Mentor On-Demand.

Tony [Hsieh], o nosso presidente executivo, será um dos oferecimentos como mentor. É uma oportunidade para você, cliente, dar um telefonema ou fazer uma sessão de Skype com um dos nossos especialistas pagando uma taxa. Ou pode ser um programa constante, como cinco conversas telefônicas com Tony no período de seis meses. O cliente pode perguntar qualquer coisa ao mentor que escolheu para conversar.

A segunda iniciativa que esperamos lançar volta, na verdade, ao foco original da Zappos Insights. Queremos transformar o nosso programa de filiação num programa de treinamento digital, com currículos completos e conteúdo acrescentado ao site para os filiados. Estamos concentrados em nos dirigir a pessoas que não podem estar fisicamente aqui ou às pessoas que vêm para um evento e que querem continuar acompanhando o que fazemos, como pensamos e os sucessos e fracassos que tivemos.

PERGUNTA: Como você lida com a escala de todos esses programas numa empresa tão grande quanto a Zappos?

Christa: Bem, todo mundo tem serviços diferentes dentro da Zappos, sem dúvida, e dimensionar é um desafio. Mas estamos sempre muito concentrados na prestação de serviço e adoraríamos que outras empresas vissem a importância da cultura como nós. Hollie Delaney, que encabeça o nosso grupo de RH, está empolgada com isso, assim como Rob Siefker, chefe da equipe de fidelidade do cliente. E, sabe, construímos um processo ágil com base no princípio segundo o qual “se não faz mal, experimente”.

Assim, lançaremos o programa e, se der certo e se Hollie ficar assoberbada com vinte horas de ligações por semana, podemos voltar e perguntar: "Ótimo, como dimensionar melhor? O que é realista?" Mas esses são ótimos problemas para resolver.

PERGUNTA: As coisas mudam muito depressa hoje, com novos concorrentes e novos modos de operação. Como a Zappos acompanha a velocidade dos negócios de hoje?

Christa: Vimos a estatística: só 12% das 500 maiores empresas da revista *Fortune* em 1955 ainda existem. E Tony sempre disse que nossa meta na Zappos é ainda existir daqui a cem anos. Mas isso pode significar algo totalmente diferente do que pensar em sapatos quando se pensa em Zappos. Talvez pensem numa empresa aérea ou em outras linhas de produto. Tony costuma usar o exemplo da Virgin como empresa que fez um ótimo serviço de diversificar os negócios com o passar dos anos. Assim, a ideia é que a resiliência é necessária nas empresas. Se amanhã alguém criar algo que seja diferente de um sapato e que as pessoas do mundo todo comecem a calçar, teremos problemas se nossa única solução forem os sapatos. Portanto, para começar, a questão, na verdade, é menos o "como" e mais o "porquê" de estarmos no negócio.

Assim, meu conselho para as outras empresas gira em torno deste conceito "se não faz mal, experimente". Acho que essa é uma armadilha em que muitas empresas caem, não importa quais sejam elas. Mas não é preciso ter um plano perfeito ou uma ideia arrumadinha de como a coisa vai funcionar daqui a três anos. Só olhamos o que nossos clientes estavam fazendo e nos perguntamos se é algo que podemos operacionalizar e lhe agregar valor. Essas oportunidades estão dentro da sua empresa.

SCHNEIDER ELECTRIC

A Energy University é apenas uma escala numa longa jornada de transformação da Schneider Electric. Numa empresa global com o seu tamanho e alcance, sem dúvida alguma esse processo levará anos. Mas Susan Hartman deu conselhos parecidos com os que ouvimos de Christa e da Zappos.

PERGUNTA: Vocês mudam ou desenvolvem constantemente a marca de conteúdo da Energy University? E como priorizam o que será desenvolvido?

Susan: Realmente, buscamos melhorar a Energy University e atualizá-la para os dispositivos de hoje. Assim, a maior coisa que estamos tentando é descobrir como oferecer mais aos dispositivos móveis e ainda captar a ficha do aluno. Queremos capacitar os alunos a fazer cursos pelo celular ou pelo tablet — e isso significa uma mudança tanto de interface quanto de conteúdo. Precisamos de versões menores do conteúdo, principalmente para o pessoal em nível de diretoria, que nem sempre vai parar e assistir a uma aula de quarenta minutos.

O interessante é que uma das coisas que não estamos fazendo é acrescentar eventos físicos nem fluxo de receita a esse programa. Tentamos ambos e tomamos a decisão consciente de que não queríamos continuar com nenhum dos dois. Quando pusemos uma etiqueta de preço no programa, vimos a taxa de uso cair quase à metade. E decidimos que preferimos remover todas as barreiras à quantidade de alunos, porque isso atende melhor ao objetivo geral (marketing).

PERGUNTA: Como você lida com o dimensionamento da Energy University numa empresa tão enorme?

Susan: Uma de nossas maiores dificuldades foi o dimensionamento desse programa, e passei os cinco primeiros anos da University vendendo o que ela era, o que podia fazer e como era valiosa. Fiz isso no mundo inteiro. E fizemos pequenos investimentos para traduzir os cursos e começar, e, assim que começaram a ver a força de tração, os outros países passaram a acrescentá-los aos ciclos orçamentários todo ano. Começamos com três cursos em cinco idiomas. Hoje, temos centenas de cursos e estamos no décimo quarto idioma.

Além disso, uma das coisas mais importantes que fizemos foi criar parcerias com organizações profissionais topo de linha associadas ao nosso público. Portanto, se você falar de engenheiros, profissionais de saúde ou até do setor hoteleiro, todas as maiores entidades do país endossaram ou certificaram o programa. A questão com essas entidades é que muitas não têm orçamento nem recursos para desenvolver esse tipo de programa, mas veem com desconfiança as marcas que chegam com material educativo. Portanto, trabalhamos intimamente com elas para desenvolver o conteúdo. É preciso apresentar o caso e explicá-lo. É preciso abrir a discussão em torno do desenvolvimento dos cursos e do histórico de todos os instrutores. Mas, depois que aderiram ao que estávamos fazendo, essas entidades profissionais nos ajudaram a obter muito em termos de sucesso.

PERGUNTA: Como você manteve esse programa por tanto tempo, com todas as pressões das empresas de hoje, e com que velocidade ele avança?

Susan: A parte principal foi obter a adesão dos executivos do topo da empresa. O nosso diretor de marketing viu que essa era uma maneira de atingirmos um público imenso. A educação era algo facílimo de compartilharmos, e receberíamos uma quantidade incrível de boa vontade por educar pessoas, criar consciência da marca e depois desenvolver esse público em possíveis *leads* que viriam aos milhões.

A maior mudança foi que é preciso arranjar os especialistas no tema, os cientistas, no nosso caso, porque significa que eles têm de dedicar um bom número de horas do seu tempo a responder perguntas, ajudar o desenvolvimento dos cursos, revisar os cursos, olhar as provas e tudo o que acompanha a operação de uma universidade online.

E o segredo foi ter flexibilidade para tentar algo que não sabíamos se daria certo. Acho que ninguém me entendeu direito quando comecei a vender a ideia e não sabíamos se daria certo ou não. Lembro-me dos primeiros seis meses, quando começamos a Data Center University e tivemos milhares de pessoas que, de repente, encontraram o programa organicamente — nem pensamos em promovê-lo com ninguém. Ficamos espantados. Foi algo do tipo "construa e eles virão".

Então, quando lançamos a Energy University, as coisas para esse programa realmente mudaram de dimensão. Avançar e realmente aumentar o programa foi um desafio ainda maior, porque tivemos de pegar pessoas emprestadas de outros departamentos e criar novas equipes para que isso acontecesse.

Mas foi essa disposição de tentar que realmente permitiu tudo.

LIFE TIME FITNESS

Pilar Gerasimo é a editora que fundou *Experience Life*, a revista da empresa, e, embora não seja mais funcionária, continua a assessorar a revista e a escrever uma coluna. Ela deu conselhos e revelou ideias sobre a sua experiência na criação da plataforma de marketing da empresa.

PERGUNTA: Como você equilibrou a criação da revista *Experience Life* com as necessidades do marketing tradicional e com ganhar dinheiro com ela?

Pilar: Eu deveria começar dizendo que, mesmo quando a revista era sustentada pela empresa, acho que muitos sentiram e viram que valia o preço. No entanto, não há dúvida de que o custo era significativo. No começo, eram milhões de dólares por ano, não compensados, nem de perto, pela receita publicitária que obtínhamos.

Mas ela cresceu com o tempo. E, embora o presidente executivo tivesse fé e se comprometesse a financiar e apoiar a revista, eu queria levá-la à lucratividade. Sabia que, se continuássemos a ser vistos como um centro de custo, haveria um número limitadíssimo de recursos disponíveis para crescermos e inovarmos. Eu também temia que, se os leitores não tivessem de pagar pela revista, não teríamos como controlar a qualidade do público. Conforme a empresa abrisse mais academias, receberíamos uma enxurrada de leitores, mas o custo de impressão, produção e distribuição também subiria.

E eu podia ver que, em primeiro lugar, continuaríamos a custar cada vez mais à empresa com o tempo. Em segundo lugar, só continuaríamos a imprimir cada vez mais revistas de setenta, oitenta, noventa páginas e jogá-las no mundo sem nenhuma noção de quem as lia e do valor que lhes davam. Elas estariam sendo recicladas ou jogadas na lata de lixo? Ou será que o público lhes dava valor de verdade? Assim, a ideia de "podemos ser pagos por essa revista?" começou a lançar raízes. Queríamos tomar cuidado, porque havia o temor de que perderíamos tantos leitores que também perderíamos o dinheiro da publicidade.

Assim, decidimos, efetivamente, que isentaríamos os sócios existentes. Os novos receberiam uma amostra grátis da revista impressa e teriam a opção de continuar recebendo e pagar ou não receber, mas ter acesso gratuito pela internet.

O mais interessante foi que, na verdade, projetamos um *opt-out* negativo, que, é claro, é muito controvertido no mundo das revistas. Acreditamos que o modo como projetamos, com a intenção de que fosse extremamente claro e fácil desistir da revista e que tudo refletisse a natureza dos contratos que temos com os nossos sócios, fosse a melhor opção para eles e para nós. Acreditamos que as pessoas ficariam mais irritadas se deixassem de receber a revista do que se descobrissem que pagavam um dólar por ela.

Quase não recebemos feedback negativo. A imensa maioria preferiu receber a revista e pagar, o que transformou completamente o modelo de negócio. Portanto, desde que começamos esse programa, a revista teve sempre de 85% a 90% dos sócios optando por recebê-la.

PERGUNTA: Como você dimensionou a revista para que se mantivesse como parte lucrativa da empresa?

Pilar: O modo como recebemos a receita da revista é por uma extensão da taxa de associação, e isso ajudou a sermos pagos com muita facilidade.

Assim, com o passar dos anos, realmente dimensionamos bem essa parte. Acrescentamos pagamento automático, renovações automáticas, e isso ajudou bastante a gerir as assinaturas comuns e o custo de retenção de assinantes, tão comum em outras revistas.

Depois que tivemos assinantes pagos, foi fácil defender que a revista tinha valor de varejo. Portanto, não foi difícil defender que levássemos a revista às bancas das lojas Whole Foods e Barnes & Noble, e isso também representou grande parte de nosso sucesso.

Como consumidor, você não vai pegar e pagar por algo que pareça um catálogo de marketing nem vai se dispor a assiná-lo. Assim, o nosso foco na qualidade e, depois, o modelo de negócio da revista foram componentes fundamentais da capacidade de dimensionar também o seu alcance.

PERGUNTA: Como você conseguiu manter esse programa funcionando tanto tempo, dada a mudança rápida do ambiente de marketing?

Pilar: Ao criar a justificativa da revista, um dos principais argumentos que encontrei foi que, nos últimos dez a quinze anos, o público se tornou muito mais sofisticado do que antes. Parte disso teve a ver com a ascensão da internet. Houve um livro muito popular no fim da década de noventa, acho, chamado *The Cluetrain Manifesto* (*O trem das evidências*), que descrevia com detalhes a frustração do público com os profissionais de marketing das grandes empresas, que só martelavam características e benefícios e tagarelavam sobre como eram maravilhosos, na esperança de que as pessoas simplesmente comprassem. Cada vez mais, as pessoas entravam na internet, conversavam entre si e meio que zombavam do papo autoelogioso das empresas. Era comum os profissionais de marketing falarem com o público como se as pessoas fossem burras.

E acho que todo mundo reconhecia a verdade disso, mas até essa época a mensagem não tinha realmente entrado na Life Time Fitness. Um dos valores e pragas que levei à empresa foi ser de fora e, muitas vezes, defender pontos de vista ou levantar questões pouco conhecidas e, em alguns casos, desagradáveis de considerar. Mas eles escutaram e se dispuseram a mudar. Às vezes, quando eu falava, as pessoas reconheciam a verdade. E o argumento de agregar valor aos consumidores a quem servíamos era dificílimo de negar, porque todos tínhamos essa experiência, como consumidores, de pensar: "Isso soa tão fingido, tão pouco autêntico, e parece manipulador, bobo e superficial. Fale comigo como se eu fosse uma pessoa de verdade." Tudo o que não fosse um esforço autêntico e verdadeiro de abordar as necessidades, os interesses e as perguntas reais do consumidor seria recebido com ambivalência, para não dizer hostilidade e ressentimento. E, como empresa concentrada na saúde dos nossos sócios, teríamos de criar uma marca que não fosse apenas tolerada, mas amada.

Assim, a empresa escutou, acreditou e deixou que tentássemos. E, depois que começamos a produzir, essa coisa se ligou ao público de um jeito muito forte. Recebemos cartas de amor, muitas dizendo "obrigado por serem diferentes", "obrigado por abordar as minhas necessidades e problemas reais" e "que alívio finalmente encontrar uma revista que satisfaz as minhas necessidades". E o presidente executivo não parava de ser abordado por pessoas nas academias que lhe diziam como adoravam a revista e por quê.

Assim, tive a sorte, a boa sorte de que ele entendeu nesse nível. Isso não significa que ele e os outros executivos não continuassem a questionar. Questionaram. Com o passar dos anos, houve algumas dificuldades muito específicas e pressão para levar "mensagens de marketing" para o conteúdo. Eles perguntavam: "Teremos esse evento? Dá para escrever sobre o evento?" Ou sugeriam: "Temos essa pessoa ótima aqui. Dá para fazer um perfil dela?" Tivemos dificuldade para decidir onde concentrar as nossas histórias de sucesso. Por exemplo, sócios ou não sócios, de que modo citar especialistas de empresas potencialmente concorrentes, ou se só deveríamos destacar os especialistas da Life Time Fitness.

O segredo para mudar a cultura foi simplesmente falar com bom senso, afirmar o óbvio, que às vezes é bem impopular, e ter alguns dados sobre crenças, atitudes e valores do público em questão para nos dar sustentação. Então a terceira coisa foi demonstrar, mostrar exatamente como a revista era importante, e o fato de dizerem que uma marca tem sucesso quando os clientes começam a nos dizer aquilo que incluímos originalmente no projeto da marca.

No fim das contas, na verdade a questão é só se concentrar no público.

A DEDICAÇÃO AOS ANTIGOS VALORES E A NOVA FLEXIBILIDADE

Como diz a famosa letra da música "Won't Get Fooled Again", do The Who, "Conheça o novo chefe, igual ao velho chefe". Nosso chefe sempre foi e sempre será o cliente. O componente básico que vemos nesses três exemplos e em tantos outros é a disposição de ser flexível e se adaptar a novos tipos de modelo de negócio. O clássico "não é assim que trabalhamos" é questionado por um novo modelo, e novas ideias são experimentadas, não como campanhas, mas como investimentos em formas novas de fornecer valor aos clientes. Esse é o componente fundamental desse novo modelo de marketing de mídia — que não é diferente do velho. Como já dissemos quando citamos Philip Kotler: CCDVTP — Criar, Comunicar e Fornecer Valor a um Mercado-Alvo com Lucro.

E Pilar realmente resumiu tudo com perfeição no fim da sua entrevista conosco. Enquanto refletia sobre tudo o que tinha realizado com esse novo modelo, ela disse:

> Simplesmente temos a oportunidade de fazer o que não pode ser feito por uma empresa de mídia convencional. E continuo a achar que é a maior oportunidade do chamado marketing de conteúdo. Na verdade, é só inovação do conteúdo. Faça as coisas que a empresa de mídia convencional não pode fazer ou não pode se dar ao luxo de fazer no seu modelo de negócio atual e aproveite a oportunidade que tem de construir uma relação profunda com seu cliente, baseada na satisfação de necessidades insatisfeitas e em falar uma verdade que não pode ser dita de outra forma.

Em vários aspectos, a empresa só precisa se dedicar a ser flexível para desenvolver novas ideias de marketing. Mas podemos? Podemos nos dedicar ao mesmo tempo ao que fazemos e sermos flexíveis para virar tudo de cabeça para baixo?

Sem dúvida fazemos escolhas quase diárias contra as duas extremidades dessa escala. Você está dedicado à rota que percorre até o trabalho todo dia ou vai ser flexível hoje e dar ouvidos ao Google Maps quando ele sugerir uma rota melhor? E a empresa aonde você vai por essa temida rota todos os dias? Está dedicado a esse emprego ou tem flexibilidade suficiente para pensar em outras oportunidades que apareçam? Quanto tempo a sua empresa permanecerá dedicada à sua atual estratégia de conteúdo antes de se flexibilizar?

Não há resposta certa, e, como se pode ler nessas entrevistas, qualquer dos extremos pode funcionar contra você. Numa das pontas da escala, onde a dedicação se petrifica num hábito, você pode perder oportunidades. Se Pilar não tivesse forçado *a si mesma* para desenvolver *Experience Life* como um modelo pago, talvez tivesse permissão da empresa para fazer essa revista de marketing até que a publicação falecesse, atrofiada pelo aumento do custo.

Na outra ponta, onde a flexibilidade evolui para a vacilação, talvez você não consiga realizar muito. Seria fácil para Christa tentar coisas novas constantemente e abandoná-las por causa dos compromissos necessários para a empresa. Mas não. A sua equipe se flexibiliza e busca dimensionar as coisas.

Ao mesmo tempo, as duas pontas da escala — dedicação e flexibilidade — podem ser virtudes. Às vezes, para ter sucesso precisamos nos manter fiéis a um curso ao qual nos dedicamos, talvez até mais do que seria sensato. Como já disse o filósofo William James, "com muita frequência, nossa fé anterior num resultado não garantido é a única coisa que faz o resultado se concretizar". Por outro lado, para ter sucesso às vezes precisamos mudar de rumo. Como já disse Marc Benioff, presidente executivo do Salesforce.com, "é preciso ser sempre capaz de prever o que vem depois e ter flexibilidade para evoluir".

Como a sua empresa escolhe se mantém o curso ou se sai dele? É preciso olhar com franqueza os seus pontos fortes, talentos, hábitos e pontos fracos. Uma empresa entrincheirada em compromissos talvez precise pensar em flexibilização. Uma empresa cuja flexibilidade reduz a produtividade talvez precise se fechar em alguns compromissos.

Esse olhar franco é importantíssimo para nós, agentes da mudança do marketing. As decisões para se comprometer ou flexibilizar são muitas para nós, porque agora pensamos em coisas que nunca foram feitas. Estamos vendo novas estratégias para o marketing, novas maneiras de gerar receita, novos talentos que precisaremos contratar e adquirir e até novas culturas empresariais. As ideias para tomar essas decisões podem vir de vários lugares: dados, palpite, paixão, crença, filosofia e até um lance de dados. Cabe a nós sopesar compromisso e flexibilidade. Várias e várias vezes. Essa é a coisa que nunca será substituída pela inteligência artificial nem pela automação. Essa é a nossa arte como estrategistas.

Porque o futuro está aqui.

Ideias lucrativas

- Matar o marketing que conhecemos será muito diferente para a empresa de 150 anos e para a empresa iniciante do Vale do Silício. O único tema comum a todas as empresas de sucesso que vimos é a disposição de tentar. Toda empresa que vimos ter sucesso nisso reconhece que o marketing de hoje não basta e que a empresa precisa, basicamente, evoluir se quiser prosperar.

- A lição primária que aprendemos com a Zappos é que ela quer ser uma empresa de cem anos. Mas, na cabeça do seu líder, daqui a cem anos isso pode significar algo muito diferente do que as pessoas pensam da Zappos hoje. Como nos disse Christa Foley, "se amanhã alguém criar algo que seja diferente de um sapato e que as pessoas do mundo todo comecem a calçar, teremos problemas se nossa única solução forem os sapatos".

- A maior lição que aprendemos com a Schneider Electric foi fornecer qualidade, concentrar-se na excelência contínua e resistir à ânsia de se expandir só porque você pode. Como nos disse Susan Hartman, "decidimos que preferimos remover todas as barreiras à quantidade de alunos, porque isso atende melhor ao objetivo geral".

- E Pilar Gerasimo da *Experience Life* transmitiu uma lição maravilhosa sobre ganhar dinheiro com o programa de marketing. Se realmente valorizar a comunicação estabelecida, o público se disporá a pagar por ela. Como disse Pilar, "acreditamos que as pessoas ficariam mais irritadas se deixassem de receber a revista do que se descobrissem que pagavam um dólar por ela". Acontece que ela estava certa.

Recursos lucrativos

- Christa Foley, da Zappos, entrevista a Claire McDermott, janeiro de 2017.
- Susan Hartman, da Schneider Electric, entrevista a Claire McDermott, janeiro de 2017.
- Pilar Gerasimo, da Life Time Fitness, entrevista a Claire McDermott, janeiro 2017.

CAPÍTULO 10

O Futuro do Marketing

ROBERT ROSE

Tenho sido tão bem imitado que soube de gente que copiou os meus erros.

Jimi Hendrix

A única diferença entre um sulco e um túmulo são as dimensões.

Ellen Glasgow

Matamos o marketing? Ele já está morto?

Como sem dúvida você já deve ter adivinhado, apesar do título deste livro Joe e eu somos fãs descarados da prática do marketing. Não fingimos que queremos dar fim ao marketing, longe disso. **Queremos ver o marketing mudar, se expandir e evoluir como centro estratégico do modelo de negócio de amanhã.**

Estou no marketing há quase trinta anos e passei mais tempo lendo os livros históricos do marketing do que ouso admitir. Passei verões absorvendo escritores como Theodore Levitt, Peter Drucker, Philip Kotler, Michael Porter e Clayton Christensen. Passei fins de semana mergulhando em misteriosos estudos de caso históricos de empresas que usaram um modelo de publicação para mudar todo o seu negócio. Basta olhar qualquer um dos exemplos, que já são duzentos, em This Old Marketing, podcast meu e de Joe. Com muito desalento de minha mulher, sou aquele cara que não pula os comerciais da televisão. Se você abrir a revista do avião e houver páginas de anúncio arrancadas, fui eu quem arrancou, porque queria guardá-las como representação do que estamos fazendo hoje como profissionais de marketing.

Dizer que me orgulho de fazer o que faço no marketing é me subestimar. Sou absolutamente apaixonado pelo que faço. Adoro a teoria, a ciência, a arte e a técnica do marketing e da mídia. E, em última análise, confio que o futuro tem potencial de trazer coisas extraordinárias à nossa amada prática.

Mas como chegar lá tem a mesma importância.

Na Introdução deste livro, Joe disse algo importantíssimo. Veja:

> A publicidade tradicional, o marketing direto, o marketing digital e até as mídias sociais estão todos em transformação. E todos apontam um cenário em que as marcas vão diretamente aos consumidores, ao invés de recorrer aos controladores da mídia tradicional para atingi-los. A única coisa que impediu isso no passado foi a dificuldade de se posicionar à frente do público.

Agora, não acho que você precisava das mais de cinquenta mil palavras que consumiu entre essa citação e este capítulo para se convencer de que o marketing está mudando. Todos sabemos que o marketing está mudando. Todos os nossos heróis do marketing dizem isso quando entrevistados. Está em todos os artigos sobre o "futuro do marketing" já escritos.

Qual é o futuro do marketing?

> *A resposta curta tem sete palavras: "faça coisas que valha a pena comentar". A resposta mais comprida é que, hoje, o profissional de marketing precisa ser responsável por tudo o que a empresa faz.*
>
> Seth Godin, escritor, palestrante

Definitivamente, o marketing está avançando para uma grande transformação. Se acha que ele mudou nos últimos cinco anos, você ainda não viu nada.

John Hagel, escritor, fundador do Center for the Edge Innovation, da Deloitte

A mudança será de falar para o mundo a fazer o mundo falar. As pessoas não querem necessariamente receber o marketing, e as marcas terão de criar engajamento e conversas em todos os pontos de contato com o consumidor. Visamos a tornar tudo o que fazemos um catalisador de conversas.

Chris Brandt, diretor de marketing da Taco Bell

Possua seu público. Num mundo cheio de novas ferramentas incríveis para cultivar comunidades, os clientes, consumidores e fãs estão mais acessíveis do que nunca. Procure conversas mais diretas.

Linda Boff, diretora de marketing, General Electric

A energia criativa passará das agências para os publicadores e as plataformas. Um número cada vez maior de mentes muito criativas abandonará as agências isoladas rumo às divisões criativas das empresas de mídia e tecnologia.

Spencer Baim, diretor de estratégia da Vice Media

O marketing 3.0 evoluiu. No primeiro estágio, o marketing era voltado às transações, concentrado em fazer uma venda. No segundo estágio, o marketing passou a se voltar para o relacionamento, para manter o consumidor retornando e comprando mais. No terceiro estágio, o marketing passou a convidar os consumidores a participar do desenvolvimento de produtos e da comunicação da empresa.

Philip Kotler, escritor, professor

Portanto, sim: o marketing está mudando e continuará a mudar. E boa parte disso (pelo menos nas citações acima, escolhidas em causa própria) parece se alinhar com o que tratamos neste livro. Mas a última parte da afirmativa de Joe é que tem mais significado. É pelo acesso ao público e pelo relacionamento com ele que a prática será fundamentalmente transformada.

SAIA DA SUA FRENTE

Uma das coisas que liga muitas, se não a maioria, das citações ilustres acima com algumas das suas contrapartes é o sentimento relativamente comum de que o "marketing" (como prática estratégica) está ascendendo em muitas empresas. Eis onde podemos discordar, de leve e humildemente, de muitos luminares. Nas centenas de engajamentos de consultoria, assessorias a clientes, oficinas e visitas a equipes de marketing do mundo inteiro, há uma frustração palpável com o lugar que as operações de marketing ocupam como arte e ciência dentro da empresa.

Com frequência, há desconexão entre as equipes de praticantes e os diretores de marketing. Às vezes, também há temores infundados de que o marketing esteja se tornando menos estratégico na empresa. E, quase sempre, há frustrações verdadeiras porque as pessoas da equipe de marketing estão ficando cada vez menos eficientes e correm atrás do próprio rabo na hora de resolver os grandes problemas diante da empresa.

Em poucas palavras: hoje, o marketing está preso num atoleiro. O futuro do marketing pode ser brilhante, mas é preciso de um rápido chute no traseiro para sair da estagnação.

Veja algumas evoluções recentes:

- Em janeiro de 2017, Marc Pritchard, diretor de marca da Procter & Gamble, se levantou na reunião anual de líderes do Interactive Advertising Bureau e disse, frustrado: *"Os dias de dar passe livre à mídia digital acabaram. Está na hora de amadurecer. Está na hora de agir.*" Ele prometeu "*não pagar mais por nenhuma mídia digital, empresas de tecnologia publicitária, agências ou outros fornecedores de serviços que não sigam as novas regras*". E continuou: "Servimos anúncios aos consumidores por meio de uma cadeia não transparente de suprimento de mídia, com obediência irregular a padrões comuns, mensuração pouco confiável, abatimentos ocultos e novas invenções, como fraudes com robôs e marketing em massa".

A revista digital *Marketing Week* disse que foi "o maior discurso de marketing em vinte anos".

- Em julho de 2012, o Fournaise Marketing Group entrevistou mais de 1.200 presidentes executivos do mundo inteiro e descobriu que 80% deles não confiam no trabalho das suas unidades de marketing.

- Em 2016, um estudo constatou que 89% dos profissionais de marketing acreditam que as suas iniciativas no marketing digital simplesmente não estão funcionando. Setenta e um por cento afirmam que os seus programas digitais não costumam atender às expectativas.

- Em 2015, o Google divulgou uma pesquisa que diz que 56% dos anúncios digitais nunca são vistos.

- De acordo com um estudo recente da American Marketing Association, em 2017 a confiança dos profissionais de marketing chegou ao máximo histórico de 69 pontos em 100. Ainda assim, há áreas de confiança em queda, desde pelo menos um ano atrás, em várias categorias, ou seja, a confiança de que a equipe de marketing:
    - Tem a capacidade correta para ser competitiva — caiu 6%
    - Faz a coisa certa para promover o crescimento — caiu 5%
    - Investe nos clientes importantes — caiu 13%

- Compreende o retorno do investimento dos planos de marketing — caiu 11%
  E, talvez de forma mais visível...
- Tem o modelo operacional correto (pessoal, estrutura, processos e ferramentas para ser competitiva) — caiu 8%
  Embora este ano o resultado não seja tão ruim quanto em outros, essa categoria *também foi a que recebeu a menor pontuação em todas as métricas de confiança*, e apenas 26% dos pesquisados têm confiança nela.

Portanto, você pode perguntar, com todas as quedas de confiança nessas categorias, de onde vem o aumento total de confiança? Bom, de acordo com o estudo, *"cada vez mais os profissionais de marketing esperam que a sua influência e o seu poder na empresa cresçam, impelidos, em grande medida, pelas possibilidades apresentadas por novas ferramentas digitais"*.

É, estamos de volta onde estávamos no começo deste livro. ***Para muitos, a confiança ainda está na esperança de que a tecnologia futura consiga nos salvar da nossa necessidade de mudar fundamentalmente.***

Mas essa frustração não fica só no terreno do marketing digital persuasivo. Quando viajamos pelo mundo, Joe e eu vemos a extrema resistência às nossas ideias de que o conteúdo e a mídia lideram o caminho.

Com base em algumas manchetes recentes em muitas revistas do setor, blogs e até algumas publicações sobre tecnologia, seria preciso supor que as mais de cem empresas com que trabalhamos nos últimos 36 meses estão simplesmente lutando com moinhos. Será que se enredaram no culto ao "marketing de conteúdo" e precisam de uma intervenção de "4P" à moda de Don Draper para voltar à realidade?

Suponhamos um instante que essas empresas estejam enganadas, que talvez os críticos estejam certos. Talvez precisemos nos perguntar francamente se todas as marcas que discutimos neste livro, como Red Bull, Lego, General Electric, Johnson & Johnson, Kraft e Visa, só são especiais porque têm conteúdo inerentemente interessante e, portanto, representam a fração minúscula das empresas que realmente poderiam substituir o marketing e a publicidade tradicionais por um novo conceito "superpropagandeado, de pura promoção" como o que discutimos aqui.

Bom, talvez você se surpreenda ao ler que achamos que eles podem estar certos. Talvez essas empresas sejam especiais. Talvez sejam diferentes. No entanto, vale mencionar que muitas dessas empresas eram as "especiais" antigamente. As formas então novas de marketing nos meios de comunicação de massa desorganizaram toda a prática do marketing, como você pode ver:

- A Kraft revolucionou a ideia do conteúdo patrocinado quando, em 1947, com a agência J. Walter Thompson, lançou o *Kraft Television Theatre*, que teve várias encarnações de 1947 a 1958.

- A General Electric foi uma das primeiras a lançar um programa de rádio completamente patrocinado, o *General Electric Theater*, que, em 1953, também migraria para a nova tecnologia da televisão. Também foi uma das primeiras empresas a fazer grandes patrocínios de eventos, com uma exposição imensa na Feira Mundial de 1893. Além disso, a GE foi inovadora quando fez anúncios copatrocinados, como ao trabalhar com fabricantes de automóveis para divulgar por que a ótima iluminação automobilística era tão importante.

- Para a LEGO, os últimos quinze anos nada mais foram do que uma ascensão magnífica a uma das marcas mais poderosas do mundo. A empresa chegou à beira da falência em 2004, mas enveredou pelo conteúdo e pela mídia digital, e o seu foco em novos produtos, processos e inovações no marketing tem sido muito citado como salvador. Como disse a LEGO, "Éramos uma fábrica de brinquedos. Agora nos transformamos cada vez mais numa empresa de mídia para contar a nossa história sobre os tijolinhos".

Assim, talvez não seja o tópico que torna essas empresas especiais, e sim a sua disposição de mudar e se adaptar.

Mas existem outras resistências que consideramos verdadeiras. Está pronto? Quem disser que esse novo modelo de marketing:

- não é novo
- é difícil
- não produzirá mais em nossas campanhas de marketing existentes
- não é mais barato do que anunciar

acertou.

O que as empresas de que falamos neste livro reconhecem (e que outras ignoram) é a tremenda oportunidade para o valor do marketing de existir criando valor que transcende a venda de mais produtos. Mais do que apenas um substituto das campanhas de marketing direto, esse novo modelo de marketing é um componente evolutivo da estratégia abrangente da empresa.

Em outras palavras, essas empresas não desenvolvem conteúdo para melhorar o marketing; elas usam o conteúdo para desenvolver a sua abordagem do marketing para melhorar a empresa inteira.

Então, por que não mudar? Bom, vamos dar uma olhada em algumas dificuldades.

A DEFESA DA TRANSFORMAÇÃO

Em quase todas as conferências ou oficinas de marketing a que compareço ou que conduzo, alguém de alguma marca vem ao palestrante e faz a mesma pergunta sobre transformação:

"Como convenço o meu chefe de que isso vale a pena?"

Para ser claro, o "isso" na pergunta é, na verdade, alguma forma do que você acabou de ler neste livro.

Mas, para sermos francos, essa pergunta não é realmente a pergunta que queremos ver respondida. Como profissionais de marketing, estamos dizendo: "Caramba, acabei de ler esse livro chamado *Killing Marketing* e há vários exemplos de empresas que fazem coisas interessantes e produtivas com marketing de conteúdo e transformam o seu negócio; como convenço meu chefe de que deveríamos fazer isso?"

Mas o que o chefe realmente ouve é: *"Por que investiríamos em conteúdo quando parece que é só isso que fazemos?"* A cara de "não entendi" do chefe é, basicamente: *"Já criamos um volume imenso de conteúdo que nos custa uma fortuna; qual é o retorno disso que você está pedindo?"*.

Em outras palavras, os profissionais de marketing estão pedindo um carro novo; e o presidente executivo diz, corretamente: *"Que diabos você andou fazendo com todas as peças que compramos?"*.

Vamos falar às claras: para qualquer diretor de marketing, vice-presidente, diretor ou mesmo gerente que tente desenvolver um modelo operacional de marketing com essa estrutura, esse tipo de oposição atingirá todos os aspectos dessa mudança. Porque, apesar das muitas histórias de sucesso que destacamos neste livro, haverá também os fracassos inevitáveis. Alguém (alegremente, ao que parece) nos enviou há pouco tempo uma reportagem do *Wall Street Journal* que questionava a eficácia de fazer a estratégia de mídia proprietária comandar a operação de marketing. Era um texto que contava como a GoPro demitiu duzentos funcionários, perdeu o diretor de conteúdo e estava "saindo do setor de entretenimento".

Como eu disse no capítulo 1, toda vez que inventamos o navio, também inventamos o naufrágio. Mas aí é que está: quando inventamos o naufrágio, é porque inventamos o navio.

Quer você seja uma pequena empresa, quer um conglomerado global entre os cem maiores da revista *Fortune*, estamos todos tateando pelo caminho, explorando, numa viagem conjunta. Nos últimos anos, quando acertamos, fomos "os primeiros a adotar", "singulares" e "estudos de caso". E quanto erramos? Bom, ninguém chegou a ouvir falar. Mas quer saber? Acontece com todo mundo.

Enquanto entramos nessa era de resistência, o sucesso virá para os que forem pacientes. Não basta conseguir vitórias iniciais. É preciso manter a iniciativa. Os que mantiverem ainda serão os singulares, os estudos de caso. A diferença serão os fracassos. Cada vez mais, você ouvirá falar deles.

VOU MOSTRAR OS CAMINHOS

Na pesquisa de 2017 do CMI com mais de 3.500 profissionais de marketing, examinamos os que sentiam que o seu sucesso no conteúdo se reduzia com o passar do tempo. As seis respostas principais (basicamente, tudo com mais de 30% de respondentes) foram:

- Não se dedicou tempo suficiente — 51%
- Mudanças administrativas, problemas de pessoal — 48%
- Dificuldades na criação de conteúdo — 46%
- Falta de estratégia (ou incapacidade de se ajustar) — 38%
- O marketing de conteúdo não teve prioridade suficiente — 35%
- Problemas orçamentários do marketing de conteúdo — 31%

Portanto, na questão levantada acima, para os profissionais que não se sentiam bem-sucedidos com o conteúdo, a principal razão da frustração é estarmos numa sinuca. Estamos tão concentrados em criar cada vez mais conteúdo que sentimos não ter tempo, orçamento ou prioridade suficiente na empresa para nos concentrar nisso. E é nesse ponto que vem da alta administração a resistência. Por que investiríamos *mais* em conteúdo se já somos péssimos no conteúdo que criamos?

Agora, ninguém realmente disse isso. Não, usamos linguagem muito mais "administrativa". Como mencionei acima, recebemos perguntas do tipo:

1. Já há mídia demais; como nos destacaremos no nosso setor?

2. Essa abordagem do marketing custará mais caro do que anunciar.

3. Não somos uma empresa de mídia. Não podemos produzir conteúdo excepcional para criar público.

4. Não conseguimos ligar conteúdo e receita.

Portanto, em primeiro lugar, vamos admitir uma coisa novamente: todas elas são verdadeiras. Mas vamos ao âmago de cada uma.

1. Já há mídia demais; como nos destacaremos no nosso setor?

Esse também é chamado de argumento do "choque de conteúdo", em que olhamos o ruído por aí e, como se fosse uma tempestade, dizemos: "*Bom, o tempo está péssimo para ir lá fora*". Mas eis a questão: essa tempestade não vai cair. A "tempestade" de conteúdo começou logo depois que Gutenberg inventou a imprensa e se expandiu com a invenção da tecnologia de comunicação de massa, como o rádio, a televisão e, agora, a internet.

Minha resposta a essa pergunta é: "Qual é a alternativa?" Realmente esperamos que a "tempestade" de conteúdo se reduza e fique menos barulhenta? Realmente acreditamos que a publicidade direta, o marketing, as mídias sociais ou outros mecanismos para conversarmos com os nossos clientes ficarão mais fáceis ou menos complexos com o tempo? Sim, há conteúdo demais no nosso setor. Isso não significa que não deveríamos criar conteúdo. Só significa que devemos investir tempo e talento para ser *ótimos* nisso.

2. Essa abordagem do marketing custará mais caro do que anunciar

Em algum lugar do consciente coletivo do marketing, principalmente do marketing digital, "anunciar" se tornou de fato o padrão de quanto as coisas deveriam custar. Qualquer nova abordagem que surja passa pelo mesmo filtro: é mais barata ou mais cara do que anunciar? Se for mais barata, deve valer a pena; se for mais cara, não. O complicado dessa questão é que ela pressupõe duas coisas. A primeira é que "anunciar" e o seu custo associado são o melhor possível e não vão piorar mais. Em outras palavras, pode mesmo ser verdade que fazer o marketing evoluir para esse modelo seja mais caro do que anunciar hoje. E se anunciar falhar completamente algum dia e não tivermos investido em nenhuma forma alternativa de marketing? Isso nos leva ao segundo pressuposto sobre anunciar: que essa abordagem do marketing é um simples substituto dos anúncios. Isso também não é verdade. Como vimos, esse modelo de marketing pode oferecer outras linhas de valor, inclusive receita que agrega valor à empresa inteira.

3. Não somos uma empresa de mídia. Não podemos produzir conteúdo excepcional para criar público

Se nosso negócio estivesse indo mal e o diretor de produção chegasse para o presidente executivo e dissesse "não podemos criar produtos excepcionais", como o presidente reagiria? E se a situação se invertesse? Nos dois casos, o diretor de produção estaria procurando emprego ou alguém que realmente pudesse criar produtos excepcionais. A capacidade de criar produtos e serviços excepcionais é *central* em nosso negócio.

Portanto, se tratarmos essa evolução a sério, por que esperaríamos menos do que isso? A razão da verdade dessa afirmação é, quase com certeza, porque não tentamos com muito afinco. Não investimos de verdade nem exercitamos o músculo criador de conteúdo excepcional, porque estamos muito envolvidos em criar conteúdo que descreva o valor do nosso produto.

Treinamos o nosso pessoal para criar conteúdo excepcional? Investimos em pessoas talentosas que saibam criar conteúdo excepcional? Seja qual for a razão, essa não é uma objeção à abordagem; é uma objeção às nossas habilidades dentro da abordagem.

4. Não conseguimos ligar conteúdo e receita

A resposta curta está aqui: "Então não ligue". Há uma miríade de outras maneiras de associar o valor comercial. Como vimos no Capítulo 9, Susan Hartman, da Schneider Electric, decidiu-se contra a receita do modelo de marketing porque isso reduziria o tamanho do seu público e prejudicaria um dos outros objetivos comerciais, que era trazer mais *leads* e oportunidades. Ou, como vimos no caso de Pilar Gerasimo e da Life Time Fitness, ela decidiu reduzir o tamanho do público "abrindo" uma torneira geradora de receita. Em última análise, isso pode limitar a capacidade de atingir o maior público possível com uma mensagem "de marca". Portanto, esse é um programa de marketing menor, mas que, além de se pagar, ainda se soma ao resultado total da empresa. É uma decisão comercial mais inteligente.

Como disse Patches O'Houlihan, o famoso treinador de queimada do cinema, "se consegue se desviar de uma chave inglesa, você consegue se desviar de uma bola". Se consegue ligar *qualquer parte* do seu marketing e da sua publicidade à receita, então você consegue ligar o conteúdo à receita. Mas, se formos mais fundo, a afirmativa real aqui é que é "difuso demais" associá-lo a uma venda — e, portanto, fica difícil traçar uma linha reta até a receita. Agora, isso pode ser verdade, mas esse não é um argumento para não evoluirmos; é simplesmente um desafio à nossa capacidade de medir.

O OBJETO IMÓVEL ENCONTRA FORÇA INCONTROLÁVEL

Na nossa década de experiência com marcas de todos os tamanhos, não há escassez de ideias inovadoras nas empresas. No entanto, um imenso tesouro de ideias nunca tem a oportunidade de se exprimir. Os líderes da empresa muitas vezes falam de inovação, mas raramente a praticam.

Um alto executivo de uma das maiores agências de relações públicas do mundo nos disse recentemente: "É comum termos reuniões gerais em que os altos executivos fazem um discurso muito inspirador e dizem que temos de ser inovadores e fornecer conteúdo novo e soluções estratégicas em mídia social aos nossos clientes. 'Vamos mudar e nos tornar uma operação de mídia para nossos clientes', dirão. Então, quando o discurso acaba, todos voltamos aos nossos cubículos e tentamos telefonar para repórteres e conseguir cobertura para os nossos clientes".

As empresas querem que os seus profissionais de marketing sejam inovadores — desde que consigam provar o retorno do investimento que a ideia inovadora trará à empresa. E é aí que a inércia institucional atrapalha. Fazemos marketing de certo modo há tanto tempo que parece simplesmente impossível mudar.

Portanto, como realmente começar essas mudanças? O que o futuro nos reserva?

FAÇA A LISTA DO QUE ABANDONAR

No fim de quase todas as sessões consultivas que faço — depois que as pessoas do nosso grupo passaram o dia inteiro falando sobre lançar uma nova iniciativa de conteúdo, desenvolver a estratégia de marketing atual ou planejar a criação de uma função centralizada de conteúdo estratégico na empresa —, acontece uma coisa engraçada.

Alguém (às vezes, sou eu, mas em geral é alguém que ficou calado durante quase toda a reunião) diz algo como: "Hum, provavelmente deveríamos alinhar a nossa expectativa à realidade".

A sala fica em silêncio. Cabeças concordam. A percepção se instala: vai ser difícil. Pessoas reais terão de *fazer* essa coisa toda. Enquanto as cabeças concordam, surgem as inevitáveis objeções:

- "Ainda temos de apoiar o pessoal de vendas com o material de que precisam."
- "Ainda temos de publicar esses quatro boletins semanais para os clientes."
- "Ainda temos de atualizar o site de recursos para o cliente."
- "Ainda temos de lançar o site daquele novo produto no trimestre que vem."

Depois de observar várias vezes os grupos passarem por esse arco de percepção, antes mesmo de chegarmos à nova iniciativa começo as sessões perguntando tudo o que os integrantes da equipe de conteúdo estão fazendo. Depois, pergunto por que fazem cada coisa, e listamos todas as razões interessantes. A maioria delas se resume a alguma variação de "Sempre fizemos desse jeito".

No fim do dia, quando as cabeças concordam, exibo a lista e pergunto: "quais dessas coisas vocês podem parar de fazer?" As pessoas se entreolham. Risinhos pouco à vontade. "Nenhuma. A diretoria quer que continuemos fazendo tudo isso".

A justificativa que temos de construir agora não é por que deveríamos fazer o que é novo. É por que deveríamos parar de fazer o que é velho. Como disse sabidamente o professor Michael Porter, "A essência da estratégia é escolher o que não fazer". Garanto-lhe que, se você aceitou até 20% do que este livro diz, para fazer sua operação de marketing evoluir, ainda que só um pouquinho, a primeiríssima coisa em que terá de se concentrar é no que vai deixar de fazer.

Que tal o boletim que vai para vinte mil clientes que não o leem? Que tal o centro de recursos que ninguém usa? Que tal aqueles anúncios em sites que já não funcionam e pelos quais pagamos 30% mais caro?

O que aconteceria se simplesmente parássemos? Quem notaria?

O que perderíamos?

Então, ao encerrarmos este livro, há mais uma pergunta que podemos fazer para nos pôr em ação.

E SE *ESTIVERMOS* ERRADOS?

No verão do ano passado, quando começávamos a dar alguma forma a todos esses pensamentos e apresentá-los ao público, um presidente executivo me procurou depois de uma workshop e disse: "Acho que você está errado". E continuou:

> Não acho que o marketing deva ser um centro de lucro; acho que isso é uma distração. Não acredito que a maioria das empresas usará o conteúdo para construir o público; acho que, para a maioria, isso é impossível. Acredito que o mundo do marketing mudou para sempre. Hoje, as pessoas são céticas quanto ao conteúdo que consomem, aquela confiança já era, e que realmente estamos falando aqui do mesmo antigo marketing como sempre foi, só que numa embalagem diferente. Só teremos de ser mais transparentes, mais digitais e avançar mais depressa.

Respondi: "*Você pode estar certo, mas torço para que não esteja. Não sei direito como ir mais depressa do que já vamos*".

Joe e eu achamos que a maioria das empresas acredita exatamente no que esse cavalheiro me disse. E vamos fingir, por um momento, que ele esteja certo e que nada do que falamos neste livro seja verdade. Vamos fingir que:

- Joe está errado sobre o que escreveu na Introdução. Não podemos ou não devemos ir diretamente aos consumidores em vez de recorrer aos controladores da mídia tradicional para chegar lá.

- Estou errado sobre o que falei no segundo capítulo. Realmente não faz muito sentido que o marketing se concentre puramente em construir um público com o passar do tempo para estarmos diretamente no conjunto inicial de considerações quando esses clientes buscarem soluções.

- Joe está errado no Capítulo 3. O novo modelo de negócio da mídia e o novo modelo de negócio do marketing não são iguais.

- No Capítulo 4, Joe exagera os modelos de receita da nova atividade de marketing.

- Apliquei erradamente os modelos de redução de custos de que falei no Capítulo 5.

- O Capítulo 7 está errado e não há modelo de mídia que a nossa marca possa ou deva aproveitar como meio de fazer o conteúdo funcionar como estratégia de negócio.

- Ou, como acabei de falar no Capítulo 9, a Schneider Electric, a Zappos e a Life Time Fitness só estão desenvolvendo um plano interessante de produto ou de fidelidade, e não fazendo a sua estratégia de marketing evoluir.

Vamos fingir que todas essas coisas sejam verdadeiras.

Que mal poderia haver em tentar?

Não poderíamos ver o que Christa Foley, da Zappos, disse sobre o modelo da empresa quando aconselhou:

"Se não faz mal nem nos faz retroceder, se é bastante seguro experimentar, deveríamos realmente tentar."

Bom, talvez seja desperdício de dinheiro.

Na minha conversa com o presidente executivo no workshop, eu disse: "Então me diga, você está criando mais ou menos conteúdo este ano em relação ao ano passado?" "Não há dúvida de que estamos criando mais", respondeu ele. "Exatamente", retruquei. Como empresas, estamos criando cada vez mais conteúdo, sejam anúncios, seja divulgação, sejam postagens em mídias sociais, postagens em blogs, artigos especializados, vídeos de gatinho ou entrevistas com o nosso presidente executivo sobre o planejamento da responsabilidade social da empresa.

"Então", perguntei, *"não faz sentido abraçar essa mídia e obter o controle estratégico dela, mesmo que seja só para gerir melhor o custo? Mesmo que você nunca construa uma experiência de mídia própria, não faz sentido investir num processo que olhe estrategicamente todo o conteúdo que você está criando para que, mesmo que não queira ser uma empresa de mídia, você ainda aja como uma empresa de mídia no modo como opera o conteúdo?"*

"É", respondeu ele. "Faz sentido."

Veja, na verdade, pensar estrategicamente não lhe custa nenhum tostão a mais. E talvez lhe dê a oportunidade de experimentar algo capaz de lhe oferecer uma nova maneira de ver o marketing.

Agora que chegamos à conclusão deste livro, esperamos que concordemos que você quer ser mais estratégico ao desenvolver o conteúdo de marketing que está criando, distribuindo e utilizando com propósito comercial.

Agora, a única coisa em que podemos discordar é até que ponto você quer ir e quantos benefícios a mais pode obter nesse novo caminho.

Joe e eu mencionamos, no começo deste livro, que esperamos que você afaste os preconceitos que tem e comece a olhar o marketing não só como propulsor da demanda. Esperamos que o olhe como um estrangeiro que vê um país novo pela primeira vez.

Como disse Joe na Introdução, "em última análise, você terá de tomar a decisão de matar a maneira como comercializa seu produto para que possa se beneficiar de um modelo inteiramente novo".

Veja da seguinte maneira: se Joe e eu estivermos certos, mesmo que de forma modesta, talvez estejamos vendo a maior oportunidade de transformar a nossa estratégia de marketing e de negócios em sessenta anos. Começamos este livro nos perguntando se fazíamos a pergunta certa. E se agora este for, realmente, um mundo onde a mídia não é sustentada por anunciantes? E se for um mundo onde a mídia é criada por anunciantes?

Shakespeare já disse: "A culpa, caro Bruto, não está nas estrelas, mas em nós, que somos subalternos". Como profissionais de marketing que amamos a nossa prática, como os estrategistas empresariais de amanhã, o nosso futuro está no que fazemos. E, como Cássio implorava a Bruto, para fazer o futuro temos de dar os passos que às vezes achamos não poder para derrubar o tirano que acreditamos que nos controla. O marketing mudou. No pretérito. Quando abriu este livro, você já reconhecia isso. Assim, a única pergunta que resta é: o que você vai fazer agora?

Bem-vindo ao futuro dos negócios. O que fazemos com ele cabe a nós.

Ideias lucrativas

- Sabemos que os mercados estão mudando; mesmo assim, não mudamos realmente o marketing. Muitos líderes de pensamento falam da ascendência do marketing como prática, mas poucos falam realmente de ele como ascenderá. Acreditamos que será com a criação de acesso e de relacionamento com o público.

Ideias lucrativas *(continuação)*

- Temos de parar de manter o estado atual do marketing e da publicidade como um custo-padrão que tem de ser reduzido. A evolução do mercado pode significar simplesmente que a forma clássica do marketing acabou — e que as alternativas não serão mais eficientes nem menos caras do que o modo novo.
- Pode ser que empresas como Kraft, General Electric, P&G e Lego, que abriram caminho até os novos modos do marketing, sejam especiais porque têm histórias cativantes a contar. Também pode ser que tiveram histórias cativantes para contar durante todo esse tempo porque sempre se dispuseram a mudar o seu modelo de marketing.
- Se estivermos errados sobre tudo neste livro e se transformar o marketing num centro de lucro não for uma realidade, ainda faz sentido ficar mais estratégico com a mídia que você possui, mesmo que só para entender o custo de fazer negócios no mundo digital de hoje. Pensar estrategicamente sobre o uso de mídia própria não lhe custa nenhum tostão a mais.

Recursos lucrativos

- "25 Predictions for What Marketing Will Look Like in 2020", *Fast Company*, 4 de março de 2015, https://www.fastcompany.com/3043109/sector-forecasting/25-predictions-for-what-marketing-will-look-like-in-2020.
- Jack Neff, "P&G Tells Digital to Clean Up, Lays Down New Rules for Agencies and Ad Tech to Get Paid", *Ad Age*, 29 de janeiro de 2017, http://adage.com/article/media/p-g-s-pritchard-calls-digital-grow-up-new-rules/307742/.

Recursos lucrativos *(continuação)*

- Alex Kantrowitz, "56% of Digital Ads Served Are Never Seen, Says Google", *Ad Age*, 3 de dezembro de 2014, http://adage.com/article/digital/56-digital-ads-served-google/296062/.
- AMA's Marketers' Confidence Index, janeiro de 2017.
- Evan Shellshear, "From Bankruptcy to Industry Leading Success — the LEGO Story", Innovation Management, acessado em 1º de maio de 2017, http://www.innovation-management.se/2016/07/11/from-bankruptcy-to-industry-leading-success-the-lego-story/.
- Steve Safran, "GoPro Lays Off 200, Gets Out of the Entertainment Business", AdWeek Network, 30 de novembro de 2016, http://www.adweek.com/lostremote/gopro-lays-off-200-gets-out-of-the-entertainment-biz/57934.
- Christa Foley, da Zappos, entrevista a Claire McDermott, janeiro de 2017.

Índice Remissivo

ABM. *Ver* marketing baseado em contas
Adobe
  CMO.com da, 141
  Photoshop, 38
  Summit, 116
Adorama, 207
Advance Publications, 125
Ajuste de conteúdo, 178-81
  no marketing de conteúdo, 181-2
  da publicação personalizada, 180-1
Alpha Universe da Sony, 122, 201
Aluguel de lista de e-mails
  de assinantes, 187
  no CMI, 104-05
Amazon Prime, 36
  Foodable TV e, 117
Amazon Studios, 36
American Express, 41
American Graffiti (*Loucuras de verão*), 20
American Marketing Association, 239
America's Test Kitchens (ATK), 97-8, 118
Aplicativos
  com conteúdo, 72-3
  da Nike, 73-4
Apple, 45
  The Appledore Cook Book (Parloa), 58
Aprimoramento de vídeo, 133-4
Armada (Cline), 83
Arrow Electronics, 50-52, 84
  aquisições da, 207, 210
  AspenCore da, 92-3
  B2B da, 25-6
  conteúdo original da, 90-1
  como empresa de mídia, 91
  mercado total disponível da, 67
  modelo de mídia da, 90
  micro-sites da, 90
  núcleo de fãs da, 201
  UBM e, 211
Arrow.com, 90
Artigos técnicos
  do CMI, 104-5
  tipo de conteúdo dos, 183
AspenCore, 91-2
Assinaturas
  de boletins eletrônicos, 173-4
  do CMI, 200-01

de *Game Theory*, 126
de GIE Media, 125
no modelo de mídia única, 185-91
do Moz, 123
de plataforma adquirida, 208
do público, 138
receita direta de, 119-20
ATK. *Ver* America's Test Kitchens
Atlantic, 103
assinaturas do, 36
Audience (Rohrs), 188-9
Auto Express, 82
Awolnation, 89

B2B. *Ver Business-to-business*
B2C. *Ver Business-to-consumer*
BabyCenter.com, 25, 69-71, 141, 160
Baer, Jay, 202
Baim, Spencer, 237
Ballmer, Steve, 45
Banco de dados pré-cliente, 71-2
Banquinho de três pés no marketing, 203
Barrett, Newt, 42
Beatles, The, 79
Beebe, David, 153
"Belief in the Law of Small Numbers" (Kahneman e Tversky), 17
Bell, Kathy Button, 49-50
Beme, 208
Benioff, Marc, 231
Berg Welten, 88
Big Data, 162
Blogs. *Ver também* Copyblogger
aquisição de, 206-7
do CMI, 183
e conteúdo, 173
da DPS, 176-8
From One Engineer to Another, 71, 122
do *Huffington Post*, 175
Pillow Talk, 157
ProBlogger e, 176
público de, 178-9
da Sony, 123
tipo de conteúdo de, 181, 183
Boca a boca, 142-4
Boff, Linda, 237
Boletins eletrônicos, 51
do CMI, 104
conteúdo para, 173-3, 190
do Goop, 82
da Red Box, 111
público dos, 189
tipo de conteúdo dos, 181, 183
valor dos, 189-90
Bones, 134
Borden, Neil, 60-1
Brand, Peter, 17
Brandt, Chris, 237
BrandVoice, 113
Buffett, Warren, 101
Business-to-business (B2B, de empresa para empresa), 24
da Arrow Electronics, 25-6
conteúdo original para, 41
marketing estratégico, 45
planejamento de eventos para, 155
Terminus e, 93
Business-to-consumer (B2C, de empresa para consumidor), 24
conteúdo original para, 41
marketing estratégico, 45
planejamento de eventos para, 155
BuyaCar, 82, 153
BuzzFeed
assinaturas do, 189
conteúdo premium do, 116
Facebook e, 188
modelo de mídia única do, 175
plataforma do, 185
publicidade nativa no, 112
Twitter e, 189

Canais. *Ver* Plataformas
Capital One, 41
Car Buyer, 82
Carta de intenções, 211-3
Casper, 157
CCDVTP. *Ver* Criar, comunicar e fornecer valor a um mercado-alvo com lucro
CCO. Ver Chief Content Officer

Chainani, Soman, 200
Charity Water, 119
Charter Communications, 125
Chicken Whisperer, 115
Chief Content Officer (*CCO*), 106, 210, 208
Chili Klaus, 121
Chip1Stop, 90
Christensen, Clayton, 57
Cisco Systems, 41, 44
Clark, Brian, 122, 141, 183, 185, 189
Cleveland Clinic, 154
  começo das mudanças no marketing da, 193-8
  The Health Hub da, 117
Cline, Ernest, 79, 83
CMI. *Ver* Content Marketing Institute
CMO Spend Survey, 46
CMO.com, 141
CNN, 208
Coca-Cola, 41
  Content 2020 da, 145
Coe, David Allan, 167
  "The Concept of the Marketing Mix" (Borden), 60-1
Condé Nast, 153
"Consider It Solved", 50
Content 2020 da Coca-Cola, 145
Content Marketing Awards, 109, 207
Content Marketing Institute (CMI), 85-6
  ajuste do conteúdo do, 180-82
  artigos técnicos do, 104
  assinaturas do, 201-2
  blogs do, 183
  boletins eletrônicos do, 104
  Content Marketing Awards do, 109, 207
  eventos virtuais do, 105
  grupo Insights do, 106
  marketing de eventos do, 102-3
  mídia impressa do, 105
  modelo de receita do, 101-9
  patrocínios do, 113
  pesquisa do, 108, 113
  podcasts do, 104, 105, 113
  programa de treinamento online do, 106-8
  público do, 101-2
  serviço de assessoria do, 108
  The Story of Content e, 139
  sobre tecnologia, 135
  UBM e, 85, 207
  webinars do, 104, 113, 201
Content Marketing World, 102-3
ContentTECH, 106
Conteúdo. *Ver também* Conteúdo original
  aplicativos com, 72
  para boletins eletrônicos, 190
  curva de valor, 37, 39
  declaração de missão do, 175-83
  dimensionamento do, 147
  distribuído por agências, 118
  estúdios, 152-53
  financiado, 116-7
  no modelo de mídia única, 169-71
  modelo visual do, 85-7
  patrocinado, 112-3
  premium, 115-7
  com a publicidade, 136
  público e, 188
  redução do sucesso do, 243-7
  tipos de, 182-4
  valor no, 146-7
Conteúdo distribuído por agências, 118
Conteúdo financiado, 117
"Conteúdo de marca," prêmio Leão de Ouro de Cannes, 41
Conteúdo original, 35-36, 97-8
  da Arrow Electronics, 90-1
  custo do, 37-8
  de empresas de mídia, 98-9
  estratégia comercial do, 42-3
  estratégia de marketing do, 41-2
  fidelidade e, 37-9, 97-8
  modelo de negócio do, 43
  público e, 36
  da Red Bull Media House, 88
  tática de marketing do, 39-40
  no Yahoo!, 118

Conteúdo patrocinado, 112-3
Conteúdo premium, 116-7
Conteúdo como valor, 22, 25-6, 27
Conteúdo S.A. (Pulizzi), 42-3, 175, 207
Cook's Country, 118
Copyblogger, 122
  assinaturas do, 185-6
  fidelidade ao, 140-1
  MVA do, 199
  plataforma do, 183-4
  podcasts do, 201
Corporate Executive Board, 143
Cosmopolitan, 79-81
  declaração de missão da, 80
Crescer, Manter e Conquistar, estrutura, 136
Criar, comunicar e fornecer valor a um mercado-alvo com lucro (*Create, Communicate, and Deliver Value to a Target market at a Profit*, CCD-VTP), 22, 75, 229
CVS, 176
"Cyber Monday", 112-3

Dash Button da Amazon, 66
Davis, Andrew, 72, 129
Declarações de missão, 80
  do conteúdo, 176-83
  das empresas de mídia, 176
  no modelo de mídia única, 176-85
Declaração de negócio, 172-4
Delaney, Hollie, 221-2
Dennis Publishing, 82, 84, 153
Desastres aéreos, 33
Digital Photography School (DPS), 116
  ajuste de conteúdo da, 178-9
  blogs da, 176-8
  declaração de missão da, 176-8
Dinheiro
  para começar a mudança do marketing, 212-3
  retorno sobre o público e, 74-5
Direitos de *merchandising*
  da Disney, 85
  de *Star Wars*, 21
Disney, Walt, 85-7
Distribuição de conteúdo, 35-6
  custo da, 38
Doações, 118-9
Doan, Jenny, 123
DPS. *Ver* Digital Photography School
Dreamforce, 25
Drucker, Peter, 35, 52
Dumas, John Lee, 123-4, 183
Dyer, Wayne, 219

Economia
  conta estratégica da, 145-8
  no custo de marketing, 139-40
  com a fidelidade, 136, 142-4
  com indicações boca a boca, 142-5
  modelo de mídia para, 133-50
  de P&D, 141-2
  receita versus, 68-9
  com a redução do custo das vendas, 137-45
  com a venda de produtos mais caros, 140-1
  com vendas cruzadas, 140-1
Economist, 84
EE Times, 92
EEM, 92
Electronic Products, 92
Emerson, 49-50
Empresas de mídia, 26-7
  aquisição de, 206
  da Arrow Electronics, 51-2
  Arrow Electronics como, 91-2
  conteúdo original das, 98-9
  declaração de missão das, 175
  Dennis Publishing como, 82, 84, 153
  estúdios de conteúdo das, 152-3
  funil de marketing das, 147
  Lego como, 67, 241-2
  Marriott como, 153
  público das, 38, 125, 178-9
  Red Bull Media House como, 23-4, 74-5, 88
Energy University da Schneider Electric, 69, 120, 223-5

Entrepreneur on Fire (EOF), 123-4, 182-3
  plataforma do, 183-5
EOF. *Ver* Entrepreneur on Fire
Escola do bem e do mal, A (Chainani), 200
ESPN
  assinaturas da, 185-6
  Mike & Mike na, 114
  modelo de mídia única da, 173-4
  Pardon the interruption na, 104, 115
ESPN the Magazine, 174
Estée Lauder, 45
Eventos virtuais do CMI, 106
Experience Life, 225-8, 230-1, 232
Experiences: the 7th Era of Marketing (Rose e Johnson), 20, 43, 49
Experiências de conteúdo, 97, 153, 156
  marketing das, 164-5
Exxon Mobil, 81
  declaração de missão da, 80

Facebook, 40, 185
  BuzzFeed e, 189
  inscrições no, 188-9
  publicidade nativa no, 112
Falácia do apostador, 17
Fast Company, 174
Ferramentas dos titãs (Ferriss), 179
Ferriss, Tim, 179
Fidelidade
  à ATK, 97
  à Casper, 157
  ao CMI, 109
  à Coca-Cola, 144-5
  conteúdo original e, 37-9, 97-8
  ao Copyblogger, 141
  à Disney, 85
  economia com a, 136, 142-94
  ao Goop.com, 82
  à Kraft, 139
  marketing para a, 66-7
  publicação personalizada e, 72-3
  do público, 43, 82, 86, 97, 98-9, 153
  receita direta e, 98-9
  receita para manter e, 113-28
  à Red Bull, 66-7, 88, 144-6
  retorno sobre o público e, 72-4
  à Zappos, 144, 221
Fire Protection Engineering, 111
Fishkin, Rand, 123
Fleischer, Julie, 136
"Flip My Funnel", 93-4
Flynn, Errol, 133
Fold Factory, 129
Foley, Christa, 144, 220-2, 230, 231
Food and Family, 93, 111, 135-136
Foodable TV, 117
Forbes, 113
Fournaise Marketing Group, 239
Franklin, Benjamin, 133
Freda, Fabrizio, 45
From One Engineer to Another, blog, 71, 122
Funil do marketing
  para empresas de mídia, 147
  tecnologia no, 152
The Furrow Magazine, 127
F&W Media, 96-7

Game Theory, 126, 183, 183-5, 200
Gao, Victor, 50-2, 90-2, 200
Garra de campeões, 213-4
Gartner, 46
GDPR. *Ver* General Data Protection Regulation
GE Reports, 41
General Data Protection Regulation (GDPR, regulamentação geral de proteção de dados), 159-60
General Electric, 41, 43, 45, 140-1
General Electric Theater, 241
General Motors, 44
Geração de *leads*, 62
  desaceleração da, 139
Gerasimo, Pilar, 224-8, 229-31, 232, 247
Get Content Get Customers (Pulizzi e Barrett), 42
GIE Media, 125
"Give You Wings", da Red Bull ("Red Bull lhe dá asas"), 89

Glasgow, Ellen, 235
Godin, Seth, 178, 236
GoFundMe, 119
Google, 40, 238-9
Google Ads, 137-8, 140
Google Trends, 181
Goop.com, 82
GoPro, 243
Gordon, Jeff, 79
Grande recessão, 41
Grove, Andy, 33
The Guardian, 82
Guia Michelin, 143

Hagel, John, 237
Harry Potter e as insígnias da morte (Rowling), 167
Hartman, Susan, 69-70, 223-5, 232, 247
HBO Now, 36
Health Hub da The Cleveland Clinic, The, 117
Hearst, 26
  United Technical Publications da, 51
Hendrix, Jimi, 235
História principal, 75
Hitler, Adolf, 19
Hoegledt, Lasse, 140
Hoff, Christina, 70-1
Hoffman, Dustin, 94
"How to Cook That", 111
HP, 45
H&R Block, 113, 113
Hsieh, Tony, 126, 144, 221-2
HubSpot, 182
Huffington Post, 175

IAB. *Ver* Internet Advertising Bureau
IBM, 41, 44
Ideias lucrativas, 28, 29, 53
  sobre o começo da mudança do marketing, 216-7
  sobre o futuro do marketing, 253-4
  sobre as lições aprendidas, 231-2
  sobre o modelo de mídia única, 191
  sobre o modelo de receita, 130
  sobre os primeiros passos da mudança do marketing, 165
  sobre redução de custos, 148-9
Immelt, Jeff, 45
Inbound marketing (marketing de atração), 181-2
Indicadores de desempenho (*key performance indicators*, KPI), 91-2
Indium
  blog From One Engineer to Another da, 71-2, 122
  receita para conquistar da, 121-2
IndustryWeek, 84
Insights group, at CMI, 106
Instagram, 184, 188-9
Intel, 84
Intelligent Content Conference, 103, 207
Interactive Advertising Bureau, 239
Intermediários, 59-60
Internet Advertising Bureau (IAB), 48
iTunes, 183-4, 188

James, LeBron, 84
James, William, 230-1
Jaworski, Bernie, 46
Jobs, Steve, 79
Joel, Billy, 151
Jogador número um (Cline), 79
John Deere, 22
  The Furrow Magazine da, 127
Johnson, Carla, 20, 43, 49
Johnson & Johnson, 43
  BabyCenter.com da, 25, 70-1, 141, 160
Jones, David, 143
Jornada do comprador, 122
  agilidade na, 163
  contatos de conteúdo na, 201
  marketing de eventos e, 156-8
  no modelo de mídia única, 173
  silos na, 156
Jyske Bank, 139-40

Kafta, Franz, 151
Kahneman, Daniel, 33, 57
Kelly, Kevin, 119
Kickstarter, 119
Klacher, Conny, 67
Kotler, Philip, 21-2, 45, 75, 229, 237
KPI. Ver Indicadores de desempenho
Kraft Foods
  fidelidade à, 139
  Food and Family da, 92, 111, 135-6
  Online Recipes da, 136
  tecnologia e, 136
Kraft Television Theatre, 47
Kraft/Heinz, 41, 43
KraftRecipes.com, 111
Krim, Philip, 157

Leão de Ouro, prêmio de Cannes, 41
LEGO, 25, 41, 45
  como empresa de mídia, 67, 241
LEGO Club Magazine, 127-8
  The LEGO Movie, 25
Lennox, 115
Lições aprendidas, 219-32
  dedicação aos valores antigos e a nova flexibilidade, 229-31
  pela Life Time Fitness, 224-228, 232
  pela Schneider Electric, 223-4, 232
  pela Zappos, 220-2, 231-2
Life Time Fitness
  lições aprendidas pela, 224-8, 232
  público da, 247
Limbaugh, Rush, 174
Lincoln Electric, 84
LinkedIn, 93, 184
  inscrições no, 186
  publicidade nativa no, 111
Live Current Media, 122
L'Oreal, 122
Lucas, George, 20-1

Magnum Opus Awards, 109
Makeup.com, 122
Managing Content Marketing (Pulizzi e Rose), 34-5
Marketing. *Ver também* Marketing de conteúdo; Marketing de eventos
  agilidade do, 155-6, 162-4
  banquinho de três pés no, 203
  componentes principais da mudança do processo de, 154-64
  economia para o, 139-40
  das experiências de conteúdo, 164-5
  para a fidelidade, 66-7
  futuro do, 235-55
  história principal do, 75
  iniciar mudanças do, 193-217
  medir o investimento em, 60-1
  modelo de diversificação do, 200-1
  modelo de mídia única do, 167-92
  novo mantra do, 75-6
  novo problema de 2017, 61-65-6
  do núcleo de fãs, 200-1
  origem do nome, 57-58-9
  pilotos no, 205-6
  primeiros passos da mudança do, 152-66
  problema do, 59-60
  sem resposta ao cliente
  revolução pelo, 152-4
  em tempo real, 47
  treinamento na P&G, 45
  voltado para o significado, 155, 158-62
Marketing baseado em contas (*account-based marketing*, ABM), 92-4
Marketing centrado em campanhas, 63-5
Marketing centrado em significado, 155, 158-62
Marketing de conteúdo, 48
  ajuste de conteúdo do, 181
  publicação personalizada e, 72-3
  público do, 22
  receita do, 247
Marketing de conteúdo épico (Pulizzi), 19-20, 71, 97-8, 176-7
Marketing: A Critical Textbook, 60
Marketing de eventos, 61-2
  acréscimo do, 203-5

no banquinho de três pés, 203
do CMI, 102-3
orquestração do, 155, 156-8
receita direta do, 114-9
da Salesforce.com, 74-5
da Terminus, 93-4
Marketing mínimo viável, 44
Marketing Performance Assessment, 60-1
Marketing em tempo real, 47
MarketingProfs, 108
Marketo, 93-4
Marriott, 153
McKinsey, 66, 122
Médicos, 18
Medium, 184-5
assinaturas do, 186
Men's Fitness, 82
Mentor On-Demand da Zappos, 221
Mercado total disponível, 67
Microfinanciamento, 119
Micro-sites da Arrow Electronics, 90
Microsoft, 45
Minecraft da, 115-6
Mídia impressa. *Ver também* publicações específicas
assinaturas de, 186
acréscimo de, 203-5
no banquinho de três pés, 203
do CMI, 105
orçamento da, 107
publicidade em, 81-2, 111
tipo de conteúdo da, 183
Mídia social, 185-6. *Ver também* empresas específicas
MVA e, 199
público da, 201-2
Mike & Mike, 114-5
Mildenhall, Jonathan, 145
"Mind of the Engineer", 90
Minecon, 115
Minecraft, 115
Miss Parloa's New Cook Book: A Guide to Marketing and Cooking (Parloa), 58-9
Missouri Star Quilt Company, 123
Mix de marketing, 60-1, 70-2
Modelo de mídia, 109, 136. *Ver também* Modelo de mídia única
da Arrow Electronics, 90
para economizar, 133-150
modelo de receita do, 110-1
Modelo de mídia única
assinaturas no, 185-91
conteúdo no, 169-71
declaração de negócio do, 171-4
declarações de missão no, 175-85
distribuição e medição no, 172
da ESPN, 173-5
estratégia do, 174-5
no marketing, 167-92
perguntas sobre o quadro geral do, 169
plataformas para o, 183-5
público no, 170, 175-85
receita do, 185-6
Modelo de receita, 101-29
do CMI, 102-9
do modelo de mídia, 110-1
da receita para conquistar, 121-7
da receita para crescer, 128-9
da receita direta, 110-20
da receita indireta, 120-1
da receita para manter, 127-8
Schneider Electric e, 247
Modelo visual de conteúdo da Disney, 85-7
Mondelez, 25
Morrissey, Brian, 87
Mossberg, Walt, 158-9
Moz, 123
MVA. *Ver* Público mínimo viável
MVP. *Ver* Produto mínimo viável

Neistat, Casey, 208
Netflix, 36
Foodable TV e, 117
New York Times, 84, 112
assinaturas do, 36, 120, 186
estúdios de conteúdo do, 152-3
plataforma do, 185
Red Bull Media House e, 74
Wirecutter do, 125

Nike, 73
99Designs.com, 38
Núcleo de fãs, 200-1
Nussbaum, David, 95-7, 98

O'Brien, Conan, 113
Ohanian, Alexis, 27
"1,000 True Fans" (Kelly), 119
The Onion, 113, 114
Online Recipes da Kraft Foods, 136
OPEN Forum, 41
OpenText, 140
Otimização de mecanismos de busca, 47
    com plataforma adquirida, 208
Outbrain, 157

Paltrow, Gwyneth, 82
Pardon the Interruption, 104, 114
Parloa, Maria, 57-9
Patchett, Ann, 219
Patrick, Matthew, 222, 183, 184-5, 199
Patrocínio de benfeitores, 103-4
Patrocínios
    de benfeitores do CMI, 103-4
    do CMI, 113
    no Content Marketing World, 102
    receita direta de, 112-5
    de webinars, 92
PayPal, 113
Pay-per-click (PPC), 61
Penn Stater, 118
Penton Media, 95-7
Peppers, Don, 61
Pepsi, 25
Pesquisa e desenvolvimento (P&D), 50, 220
    na Kraft Foods, 92
    redução de custos com, 140-2
P&D. *Ver* Pesquisa e desenvolvimento
P&G. *Ver* Procter & Gamble
Pilgaard, Claus, 121
Pillow Talk, blog, 157
Pilotos, 205-6
Pinterest, 185
    inscrições no, 187
Pitchfork, 125
Plataformas (canais)
    aquisição de, 207-12
    para a Life Time Fitness, 224-9
    no modelo de mídia única, 183-5
    MVA e, 199
    publicidade em, 22
Podcasts, 29, 90
    do CMI, 104, 104, 113
    do Copyblogger, 201
    da Sony, 122
    tipo de conteúdo dos, 183
Polman, Paul, 45
Power Electronics News, 91
PPC. *Ver Pay-per-click*
Prism Media, 95
Pritchard, Marc, 238
Pro Publica, 118-9
ProBlogger, 165
Procter & Gamble (P&G), 41, 84, 238
    treinamento de marketing na, 45
Produto mínimo viável (*minimum viable product*, MVP), 198-200
Proposta exclusiva de valor, 170
Prova de vida
    nos dados, 155
    medição da, 160
PTI. *Ver* Pardon the Interruption
Publicação personalizada, 41
    ajuste de conteúdo da, 180-2
    fidelidade e, 72
    marketing de conteúdo e, 72-3
Publicidade, 26-7, 49
    acompanhamento da, 62
    anúncios vendidos pela Arrow Electronics, 51-2
    cliques fraudados, 48
    da Coca-Cola, 144
    com patrocínio de benfeitores, 103
    conteúdo com, 136
    copatrocinada, 241-2
    na mídia impressa, 81-2, 111
    otimização do posicionamento dos anúncios, 158
    em plataformas, 22
    PPC e, 61

receita direta da, 110-2
Publicidade copatrocinada, 241
Publicidade nativa, 47, 112-3
Público. *Ver também* Retorno sobre o público
aquisição de, 206-13
de blogs, 179
do CMI, 101-2
conteúdo e, 188
conteúdo original e, 36
da *Cosmopolitan*, 79-81
democratização do, 27
economia com o, 135
de empresas de mídia, 38, 125, 178
fidelidade do, 43, 82, 87, 97, 98, 153
da Life Time Fitness, 247
do marketing de conteúdo, 22
das mídias sociais, 202-3
no modelo de mídia única, 170, 175-85
MVA e, 199
da Red Box, 111
vindo da aquisição de plataformas, 208
vindo de boletins eletrônicos, 188
Público mínimo viável (*minimum viable audience*, MVA), 198-9

Quantcast, 70
Quatro C das Metas de Valor do Investimento, 68-75

Rainmaker, 122
Raj, Wilson, 161
Rasmussen, Scott, 173
Reardon, Ann, 111
Receita
do marketing de conteúdo, 247
do modelo de mídia única, 185-6
redução de custos versus, 68
Receita para conquistar, 120-7
Receita para crescer, 128-9
Receita direta, 74-5
de anúncios, 110-12
de assinaturas, 119-20
de doações, 118-9
fidelidade e, 98
do marketing de eventos, 115-20
de microfinanciamento, 119
modelo de receita de, 110-20
de patrocínios, 112-4
Receita indireta, 120-1
Receita para manter, 127-8
Recursos lucrativos, 29, 30-1, 53-5
sobre o começo da mudança do marketing, 216-7
sobre o futuro do marketing, 254-5
sobre as lições aprendidas, 232
sobre o modelo de mídia única, 191-2
sobre o modelo de receita, 130-2
sobre os primeiros passos da mudança do marketing, 166
sobre a redução de custos, 149-50
Red Box, 111
Red Bull, 86-9
conteúdo distribuído por agências, 118
fidelidade à, 66-8, 144-5
licenciamento da, 88-9
slogan "Give You Wings", 89
Red Bull Media House, 23-4, 88
como empresa de mídia, 74-5
Red Bull Music Publishing, 89
Red Bull Records, 89
Red Bull TV, 89
The Red Bulletin, 23-4, 88
Reddit, 27
Advance Publications e, 125
Redelmeier, Don, 18
Redford, Robert, 94-5
Retorno sobre o cliente (ROC), 61
Retorno sobre o investimento (ROI), 22
análise do, 162
na Casper, 157
maximização do, 64-6
como medida de sucesso, 64-5
para o marketing em tempo real, 47
como métrica errada, 63

Retorno sobre o investimento em marketing (ROMI), 60-1
Retorno sobre o público
  competência no, 68-70
  dinheiro e, 74-6
  fidelidade e, 72-4
  valor de campanha e, 70-2
  valor do cliente e, 72-3
Revistas. *Ver* Mídia impressa
Revistas internas, 72
Revistas para funcionários, 72-3
Richter, Andy, 113
Ries, Eric, 198
ROC. *Ver* Retorno sobre o cliente
Rogers, Martha, 61
Rohrs, Jeff, 188-9
ROI. *Ver* Retorno sobre o investimento
ROMI. *Ver* Retorno sobre o investimento em marketing
Rowling, J. K., 167
Rowse, Darren, 116, 176-8, 178

SAAS. *Ver* Software como serviço,
  Salesforce.com, 25
  flexibilidade da, 230
  marketing de eventos da, 74-5
  P&D da, 142
  Terminus e, 93
Sandler Corporation, 119
SAS, 161
Satisfação garantida (Hsieh), 144
Schneider, Andy, 115
Schneider Electric
  Energy University da, 69, 120, 223-5
  lições aprendidas pela, 223-4, 232
  modelo de receita e, 247
Schultz, Don, 66
SEOMoz, 123
SFPE. *Ver* Society of Fire Protection Engineers
Shakespeare, William, 253
Short, Rick, 122
Siefker, Rob, 221
Silos, 147-8
  na jornada do comprador, 156
SiriusDecisions, 25
  Buyer Survey de 2016, 201
The 60-Second Super Cool Fold of the Week, 129
Slate, 112
Sleepsleepsleepsleep.com, 157
Smosh. com, 184-5
Snapchat, 184
  inscrições no, 186
Social Media Examiner, 200
Society of Fire Protection Engineers (SFPE), 111
Software como serviço (*software-as-a--service*, SAAS), 142, 185-6
Sony, 123, 201
Southwest Airlines, 175-6
Speedweek, 89
Sperl, Robert, 23, 24, 88
Star Wars, 21
Startup enxuta, A (Ries), 199
Steiger, Paul, 119
Stelzner, Michael, 200
The Story of Content, 139

Taboola, 157
Taco Bell, 237
Talento, 27, 35
  na Arrow Electronics, 26
  na CNN, 208
  custo de aquisição de, 42
  com plataforma adquirida, 208
Tasty: The Cookbook, 117
TD Ameritrade
  thinkMoney da, 73, 128
  thinkorswim.com da, 72-3
Team Coco, de O'Brien, 113
Tecnologia
  CMI sobre, 135
  no funil do marketing, 152
  como jogo de soma zero, 148-9
  Kraft e, 136
Tecnologia de bloqueio de anúncios (*ad-blocking technology*), 48
TED Talks, 175
Terminus, 92-5

Terra Mater, 88
ThinkMoney, 73, 128
Thinkorswim.com, 72-3
This Old Marketing, 104, 105, 201, 236
Thompson, J. Walter, 47
Time Inc., 153
Todorovich, Amanda, 154, 194
Todos os Homens do Presidente, 95
Topo, 201
Trocando as Bolas, 101
Tversky, Amos, 17
Twain, Mark, 1, 193
Twin Atlantic, 89
Twitter, 145, 184
  BuzzFeed e, 188-9
  inscrições no, 186

UBM, 25-6, 51
  Arrow Electronics e, 210
  CMI e, 85, 207
  "Mind of the Engineer" da, 90
Unilever, 45
United Technical Publications, 41

Vajre, Sangram, 93-5
Van Winkle, 157
Venda privada, 129
  economia com, 140-1
  com plataforma adquirida, 207
Venda de produtos mais caros
  economia com, 140-1
  com plataforma adquirida, 207
Vendas de filiados, 109, 123-5
  The Verge, 158
Vice, 112, 185, 237
Virgin, 22
Virilio, Paul, 33

Wall Street Journal, 112
  assinaturas do, 185
  estúdios de conteúdo do, 153
  sobre GoPro, 241
  modelo de mídia única do, 175
Wannamaker, John, 60
Washington Post, 36
Watt-Evans, Lawrence, 119
Webinars, 137
  do CMI, 104, 113, 201
  patrocínio de, 92
  The Week, 82
  tipo de conteúdo de, 183
What Now? (Patchett), 219
Whitman, Meg, 45
  The Who, 229
Wirecutter, 125
Witkowski, Trish, 129
"Woman Going to Take a Break After Filling Out Name, Address on Tax Forms", 113, 114
"Won't Get Fooled Again" (The Who), 229
WordPress, 183

Yahoo!, 118
Yeti Presents, 203
YouTube
  Chili Klaus sobre, 121
  CNN e, 208
  Game Theory no, 126, 183, 184-5, 200
  "How to Cook That" no, 111
  inscrições no, 188
  Missouri Star Quilt Company no, 122
  Smosh no, 184
  Yeti Presents no, 203

Zappos
  fidelidade à, 144
  Insights, 126-3, 221
  lições aprendidas pela, 220-2, 229
  Mentor On-Demand da, 230-1
Zenger, Todd, 84-5

Sobre os Autores

Joe Pulizzi é empresário, palestrante, escritor e *podcaster*. Já fundou várias empresas, como o Content Marketing Institute (CMI), principal recurso educativo sobre marketing de conteúdo para empresas, reconhecido pela revista *Inc.*, em 2014 e 2015, como a empresa de mídia empresarial que mais cresce. O CMI é responsável pela produção do Content Marketing World, maior evento de marketing de conteúdo do mundo (realizado todo mês de setembro em Cleveland, no estado americano de Ohio), e pela principal revista de marketing de conteúdo, a *Chief Content Officer*. Em 2001, ele começou a usar a expressão "marketing de conteúdo", hoje o setor do marketing que mais cresce na internet. O CMI também presta serviços de assessoria a empresas inovadoras como HP, AT&T, Petco, LinkedIn, SAP, a Fundação Gates e muitas outras. Em junho de 2016, o Content Marketing Institute foi vendido à UBM, empresa londrina multibilionária de eventos e mídia.

Em 2014, Joe ganhou o Prêmio John Caldwell pelo Conjunto da Obra do Content Council. Seu terceiro livro, *Marketing de conteúdo épico*, foi considerado um dos cinco livros de administração de leitura obrigatória no ano pela revista *Fortune*. O quarto livro, *Conteúdo S.A.*, encabeça a lista dos mais vendidos em marketing direto desde setembro de 2015. Ele também foi coautor de mais dois livros, *Get Content Get Customers* e *Managing Content Marketing*. Já deu palestras em mais de quatrocentos locais de dezesseis países para promover a prática do marketing de conteúdo. Fez a palestra de abertura em eventos e empresas como SXSW, NAMM, Leadership Summit da revista *Fortune*, Nestlé, General Motors, Oracle, Dupont, SAP, HP e Dell.

Você pode ouvir Joe em seus podcasts *This Old Marketing* e *Content Inc.* Se um dia o encontrar pessoalmente, ele estará com roupas cor de laranja. E você pode segui-lo no Twitter @ JoePulizzi.

Robert Rose é fundador e diretor de estratégia do Content Advisory, grupo de consultoria e assessoria do Content Marketing Institute. Há mais de vinte anos, ele ajuda os profissionais de marketing a contar a sua história com mais eficácia nos meios digitais. Nos últimos cinco anos, Robert trabalhou com mais de quinhentas empresas de todos os tamanhos, inclusive quinze entre as 100 maiores da revista *Fortune*. Prestou assessoria e consultoria em marketing estratégico a marcas globais como Deliver Value to a Target, Dell, Ernst & Young, Hewlett Packard, Microsoft, Fundação Bill & Melinda Gates e UPS.

Robert escreveu três livros. O mais recente, *Experiences: The 7th Era of Marketing*, foi chamado de "tratado e chamado às armas para os profissionais de marketing comandarem a inovação empresarial do século XXI". Seu primeiro livro com Joe Pulizzi, *Managing Content Marketing*, costuma ser chamado de "manual do proprietário" do processo de marketing de conteúdo. Nos últimos cinco anos, Robert fez palestras em mais de duzentos locais em quinze países do mundo. Fez palestras de abertura para entidades como a ANA (Association of National Advertisers), American Marketing Association, Content Marketing World, Deloitte, Cisco, Adobe, Microsoft e Universidade do Estado de Michigan.

Você pode ouvir Robert em *This Old Marketing*, o seu podcast semanal com Joe Pulizzi. Ele também é investidor de primeira hora e assessor de algumas empresas de tecnologia iniciantes e participa do conselho consultor de várias empresas, como Akoonu, DivvyHQ e Tint.

Robert mora e ama em Los Angeles, na Califórnia, com sua linda esposa Elizabeth e sua fantástica Goldendoodle Daisy.

GRÁFICA PAYM
Tel. [11] 4392-3344
paym@graficapaym.com.br